El presente libro es una versión facsimilar de la edición original de El Colegio de México, que ha sido rescatada mediante un trabajo profesional de escaneo para mantener la obra en circulación.

JORNADAS 120

EL COLEGIO DE MÉXICO

CENTRO DE ESTUDIOS
SOCIOLÓGICOS

AUTOEXPLOTACIÓN FORZADA Y EQUIDAD POR EMPOBRECIMIENTO

La distribución del ingreso familiar en México (1977-1984)

Fernando Cortés
Rosa María Rubalcava

JORNADAS 120
EL COLEGIO DE MÉXICO

Portada de Mónica Diez Martínez

Fotografía de Agustín Estrada

Primera edición, 1991

ISBN 968-12-0481-6 (versión original)
978-968-120-481-5 (versión facsimilar)

Impreso en México/*Printed in Mexico*

ÍNDICE

AGRADECIMIENTOS

Agradecemos al Centro de Estudios México-Estados Unidos, de la Universidad de California en San Diego, no solamente su invitación a desarrollar esta investigación, sino sobre todo, las excepcionales condiciones de trabajo que nos ofreció.

A los colegas con quienes nos tocó en suerte compartir la condición de investigadores visitantes y de quienes recibimos invaluable ayuda para este trabajo, ya fuera con el material que nos proporcionaron, ya discutiendo con nosotros algunos puntos o con su paciente lectura de borradores y sus valiosos comentarios y sugerencias: Othón Baños, Miguel Ángel Centeno, Joe Foweraker, Luin Goldring, Pierrette Hondagneu, Margarita Nolasco, Wilson Peres, Pedro Pérez Herrero y Antonio Yúnez.

Una mención especial para Manuel García y Griego, quien leyó desde la primera hasta la penúltima versión; estamos seguros de que, de haber leído ésta... sería la penúltima.

A Jaime Mendoza, Suet-lin Pong y David Post, quienes, sin pertenecer al Centro, generosamente nos dieron ideas y material que están plasmados en diferentes partes de este trabajo.

Al cuerpo administrativo del Centro, que nos proporcionó invaluable apoyo para llevar a cabo nuestra investigación.

En México nos beneficiamos de las valiosas críticas y sugerencias de Orlandina de Oliveira y de tres lectores anónimos quienes dictaminaron este trabajo. La atenta lectura del señor Víctor L. Urquidi detectó imprecisiones y errores que esperamos haber corregido.

SINOPSIS

Entre 1977 y 1984 cayó el salario real (medido por el salario mínimo legal, por el salario manufacturero o por el salario de cotización al IMSS), aumentó significativamente el tamaño del sector informal y se abrió la brecha entre la participación del trabajo y el excedente de explotación en el producto.

En el mismo periodo, no aumentó la desigualdad en la distribución del ingreso familiar. Los datos de la Encuesta Nacional de Ingresos y Gastos de los Hogares de 1984 (los correspondientes al primer trimestre) tozudamente muestran, al compararse con los de la encuesta de 1977, una leve tendencia a la equidad o que el grado de concentración no cambió.

A primera vista las dos piezas de información son contradictorias. El abatimiento de los indicadores globales que se relacionan con las condiciones de vida de los asalariados, debería reflejarse en un aumento de los niveles de desigualdad.

Este trabajo, basado en los datos de las encuestas nacionales, sostiene que la caída de los salarios reales provocó que las familias mexicanas, en defensa de sus condiciones de vida, echaran mano de todos los medios a su alcance para contrabalancear la disminución de sus ingresos: aumento en los niveles de autoexplotación de la fuerza de trabajo disponible, incursión en actividades por cuenta propia, renta de sus escasas posesiones, aumento en los niveles de producción para autoconsumo (produciendo en casa bienes y servicios que antaño se compraban en el mercado) y activación de variadas formas de solidaridad social.

Las acciones que emprendieron los hogares a la vez que ayudan a entender por qué la caída del ingreso en los estratos bajos fue de menor magnitud que en los altos, muestran que los extremos de la distribución se aproximan (es decir, la desigualdad disminuye) y que todo ello tiene lugar en medio de una disminución generalizada del ingreso promedio.

I. INTRODUCCIÓN

> Los salarios mínimos deberán ser suficientes para satisfacer las necesidades normales de un jefe de familia, en el orden material, social y cultural, y para proveer la educación obligatoria de los hijos. (Artículo 123, fracción VI, *Constitución Política de los Estados Unidos Mexicanos*.)

La caída del precio del petróleo (gráfica 1), el alza en las tasas de interés en el mercado internacional, la fuga de los capitales mexicanos y la suspensión de los créditos externos, culminan en agosto de 1982, a tres meses del cambio de gobierno, con la suspensión del pago de la deuda externa por noventa días, la nacionalización de la banca y la devaluación del peso (Bueno, 1983: 81-85; García Alba y Serra Puche, 1984: 53-71; Mares, 1984: 309 y 310).

Al comienzo del sexenio del presidente Miguel de la Madrid, la economía mexicana abandonó el camino que había seguido desde la década de los cincuenta e inició la búsqueda de un espacio en la nueva división internacional del trabajo, impulsando productos de exportación, en especial productos manufacturados que tradicionalmente el país casi no exportaba,[1] en combinación con una paulatina apertura del mercado interno.

La nueva administración aplicó una política de ajuste[2] convenida con el FMI, cuyos objetivos centrales fueron controlar la inflación y disminuir el déficit de la balanza de pagos. Para lograr

[1] Las exportaciones totales (FOB), en millones de dólares, pasaron de 8 818 en 1979 a 21 230 en 1982, y alcanzaron la cifra de 20 657 en 1988 (véase el cuadro A4.8, en el anexo I). El alza espectacular entre 1979 y 1982 se debe a que las exportaciones petroleras, que fueron de 3 975 en 1979, ascendieron a 16 477 en 1982. Sin embargo, entre 1983 y 1988 bajaron de 16 017 a sólo 6 709. La caída en las exportaciones petroleras fue compensada por el aumento en las no petroleras, que en 1979 alcanzaban 4 843, pasaron a 4 753 en 1982, y a 13 948 en 1988. Dentro de las exportaciones no petroleras son las manufactureras las que muestran los cambios más importantes. En 1979 ascendían a 2 726, en 1982 a 3 018 y en 1988 se elevaron a 11 616.

Las cifras permiten afirmar, en términos gruesos, que el volumen de exportaciones entre 1982 y 1988 se mantuvo alrededor de los 20 000 millones de dólares cambiando su composición (mismo cuadro A4.8 del anexo I). En 1982, las exportaciones petroleras representaban el 77.61% de las exportaciones totales y en 1988 sólo el 32.48%. Por otra parte la participación de la manufactura pasó de 14.22% en 1982 a 56.23% en 1988.

[2] Hay que distinguir entre política de ajuste y política de cambio estructural. La primera comprende la estabilización de la economía (reducción del déficit de la balanza de pagos y disminución de la inflación a niveles compatibles con el crecimiento sostenido); la segunda se instrumenta con el fin de estimular la eficiencia productiva necesaria para el crecimiento sostenido (Nelson, 1990: 3 y 4).

GRÁFICA 1
Precios crudo, promedio anual 1979-1989

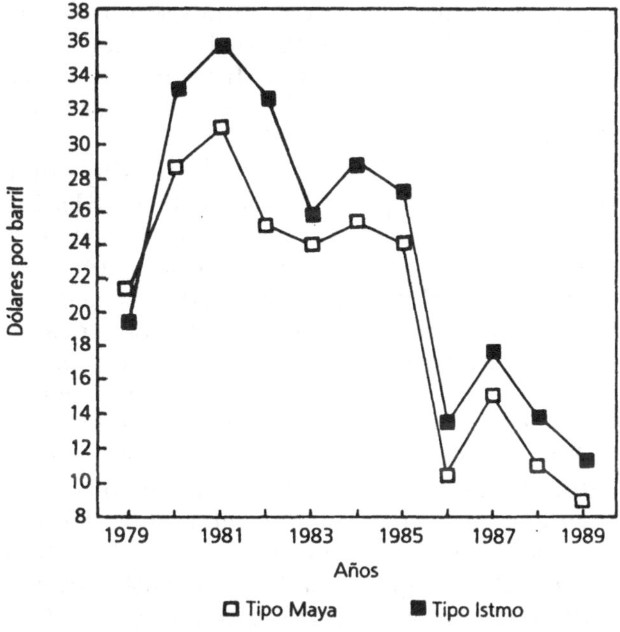

Fuente: *Informe de gobierno,* 1989: 105.

estos propósitos se actuó sobre el déficit fiscal, el tipo de cambio y los salarios.

Las cuentas del sector público, expresadas como porcentajes del PIB, mostraron un aumento, entre 1982 y 1983, en los ingresos fiscales (de

20.9 a 24.3%) y en el pago de intereses (de 9.1 a 12.5%), y una disminución de los gastos (de 29.7 a 20.6%). Dentro de estos últimos se redujo no sólo la inversión sino también el gasto corriente (de 11.4 a 9.3%) con una disminución en el número de servidores públicos y en sus salarios (Lustig y Ros, 1986: tabla 10).

La devaluación de la moneda produjo una subvaluación del peso (Pastrana, 1990: 81). En enero de 1982, un dólar se vendía en el mercado libre en $26.79 y en diciembre en $150.00 (Presidencia de la República, 1989: 70). Dicha devaluación también encareció las importaciones de insumos industriales, maquinaria, equipo, repuestos y alimentos básicos, a la vez que alentó las exportaciones (Martínez, 1989: 41 y 43).

En el campo laboral se siguió la política de retrasar sistemáticamente el ajuste del pago a la mano de obra: el salario mínimo real disminuyó en poco más de un 50% entre 1982 y 1989 (gráfica 2) y en aproximadamente 60% respecto a 1976 (año en que alcanzó su máximo).[3] En 1982 el salario mínimo real fue casi igual al de 1970.[4]

[3] La serie de salarios mínimos se construyó a partir de los informes de la Comisión Nacional de Salarios Mínimos y de las series del Índice Nacional de Precios al Consumidor del Banco de México. Su discrepancia con los salarios mínimos publicados en el Informe de Gobierno obedece a que en éste se reportan los vigentes al final de cada año y en los primeros son promedios anuales.

[4] Entre 1982 y 1988 el salario mínimo real disminuyó en 48%.

Los salarios bajos, en relación con los que se pagan en otros países,[5] son también un incentivo para la instalación de empresas foráneas intensi-

---

Para el mismo lapso el "Índice de salarios, sueldos y prestaciones medias en la industria manufacturera" y el "Costo medio de las horas-hombre trabajadas por el personal en la industria manufacturera", ambos deflactados por el Índice Nacional de Precios al Consumidor, marcan una caída de 27.9% y 28.0%, respectivamente (Banco de México, 1989).

El salario mínimo es una categoría legal y su monto no es igual a la remuneración que perciben los trabajadores (Reynolds, 1970: 5). Sin embargo, es una buena referencia para comparar los otros indicadores de salarios (Bortz, 1985: 41). Además, ayuda a discriminar en la distribución del ingreso a los más pobres; su sola existencia produce efectos económicos, forma parte del instrumental de política económica de que disponen los Estados; la determinación de su tarifa toma en cuenta las necesidades básicas de los trabajadores y de su familia, y los niveles relativos de vida de otros grupos sociales (Tokman, 1980: 18-20).

[5] El cuadro que sigue muestra la evolución de los salarios industriales (por hora en dólares) en algunos países:

	1975	*1980*	*1983*	*1984*
México	0.69	0.96	1.10	1.00
Haití	0.18	0.33	0.30	–
Singapur	0.67	1.02	1.62	1.75
Formosa	0.33	0.66	–	–
EUA	4.54	6.50	6.80	7.10

Fuente: Bank of America, N.T. & S.A. México (s/f: 16).

Esta publicación (probablemente de alrededor de 1984) dice: "Los salarios en México, para trabajadores no especializados, normalmente representan entre 10 y 15 por ciento de los de EUA. En la actualidad (debido a la devaluación del peso) representan un ahorro de aproximadamente 14 500.00 dólares al año por trabajador directo empleado, en comparación con EUA".

GRÁFICA 2
Salarios: mínimo, maquila y manufactura
(*Promedio mensual en pesos de 1978*)

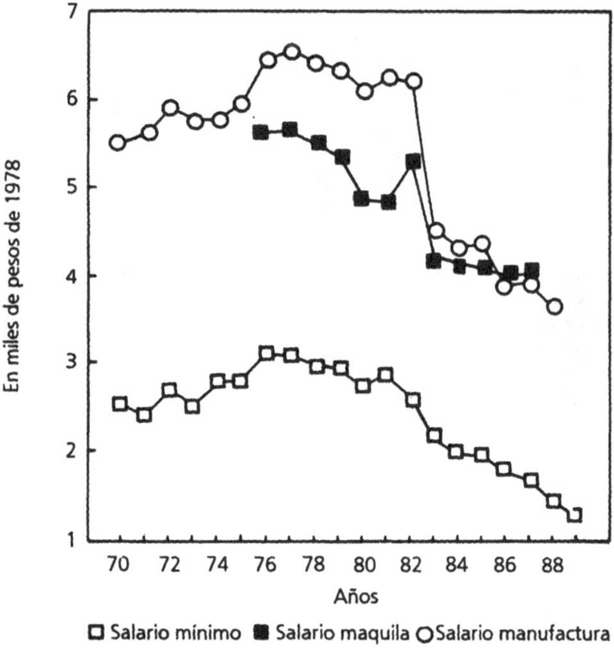

vas en el uso de la mano de obra, ya sea que fabriquen la totalidad o parte de los productos (maquiladoras).

La disponibilidad de mano de obra barata es un atractivo de México para la inversión extranjera. Sin embargo, las tendencias recientes del capital internacional a trasladar empresas y a dispersar procesos productivos por todo el orbe (Portes y Sassen-Koob, 1987: 54) al parecer muestran que la localización industrial depende cada vez en mayor medida de las estrategias de mercado, asociación de capitales y otros criterios (Ramírez y González-Aréchiga, 1989).

Por otra parte, el peso subvaluado y los salarios bajos hicieron posible aumentar las exportaciones de productos manufactureros, no tradicionales en el comercio internacional del país, y compensaron la caída del valor de las exportaciones petroleras (véanse la gráfica 3 y el cuadro A4.8 del anexo I).

No todas la empresas pudieron aprovechar las "ventajas comparativas" de la industria mexicana. Entre 1975 y 1985 se redujo la tasa de crecimiento del número de establecimientos en la industria manufacturera, especialmente en las líneas de bienes de consumo habitual, y aumentó el tamaño medio de las empresas (Rendón y Salas, 1989). A pesar de ello, desde 1987 las tasas de desocupación abierta se mantuvieron bajas en las principales ciudades de la República. La desocupación aumentó drásticamente en 1983, fue cayendo tendencialmente hasta 1986 y se estabilizó en los años posteriores.[6]

[6] En 1982 la tasa de desocupación en la ciudad de México fue de 3.9% (de la PEA) y se elevó a 6.2 en el año siguiente. En Monterrey

Dado que las estadísticas laborales consideran ocupados a los que desempeñan trabajos tanto formales como informales,[7] la disminución de la tasa de crecimiento del parque industrial no necesariamente se refleja en incrementos en las tasas de desocupación abierta.

Concomitante con la caída en la tasa de desocupación se registró, durante los últimos años, un aumento de la fuerza de trabajo en el sector informal urbano[8] (Portes y Benton, 1987; Tok-

---

los mismos años. Las tasas de desocupación estimadas para 1989 son las siguientes: Área Metropolitana de la Ciudad de México, 3.9; Área Metropolitana de Guadalajara, 1.5; Área Metropolitana de Monterrey, 3.4; Chihuahua, 1.3; León, 0.9; Mérida, 0.5; Puebla, 1.9; Veracruz, 2.3; Orizaba, 1.8; San Luis Potosí, 1.8; Tampico, 2.5; Torreón, 2.2; Ciudad Juárez, 0.8; Matamoros, 2.4; Nuevo Laredo, 1.0, y Tijuana, 1.5. (Presidencia de la República, 1989: 151 y 152.)

No se sabe en qué medida este comportamiento es resultado de la aplicación de un criterio estadístico, toda vez que las encuestas definen como "población ocupada que trabajó" a todas las personas de doce años y más que trabajaron *cuando menos una hora* la semana anterior a la entrevista, a cambio de un ingreso ya sea como obreros, jornaleros, *empleadores* o *trabajadores por cuenta propia* (SPP, 1977: 25).

[7] Hay una acalorada discusión respecto al concepto "sector informal". Las posiciones en disputa van desde el marxismo y el neomarxismo hasta el neoliberalismo (Cortés, 1988). Sin el ánimo de entrar ahora en la discusión, en este trabajo entenderemos por sector informal al conjunto de actividades de producción autónoma de bienes y servicios que realizan los hogares ya sea para venderlos o intercambiarlos en el mercado con la finalidad única de garantizar la reproducción del grupo, para destinarlos al consumo del propio hogar o para transferirlos a otros hogares (Cortés y Cuéllar, comps., 1990).

[8] Existe acuerdo en que aumentó el tamaño del sector infor-

GRÁFICA 3
Exportaciones y PIB, México, 1980-1988

Fuente: *Informe de gobierno,* 1989: 23, 131.

man, 1986 y 1987; Escobar, 1987; García, 1988; Klein y Tokman, 1988; Portes, 1989).

La caída del salario real y el aumento en el número de personas que realizan actividades informales operan en la misma dirección: disminución del costo de la mano de obra. Salarios directos e indirectos se conjugan para bajar el precio del trabajo.

Frente a la caída tendencial de los salarios reales, la remuneración de asalariados, en relación con el ingreso nacional disponible, ha sufrido una merma sistemática, como contrapartida al aumento en el excedente de explotación (véase la gráfica 4). A partir de estas tendencias sería impropio concluir que la caída en la participación del trabajo implica un aumento en la parte que le corresponde al capital; o, como se expresa a veces, "la pérdida de los trabajadores" es la contracara de "la ganancia de los capitalistas".

No interesa en este trabajo discutir esta afirmación. Lo único que queremos puntualizar es que el aumento en la participación del excedente de explotación no significa solamente aumento en el pago al capital por su aporte a la producción. En efecto, esta partida incluye también los ingresos generados por el sector informal.[9] Sin

mal, independientemente de la definición que se utilice. La discusión gira en torno a su magnitud.

[9] El concepto "remuneración de asalariados" en el Sistema de Cuentas Nacionales "Incluye todos los pagos de sueldos y salarios

importar cómo se defina éste, todas las estimaciones coinciden en señalar el crecimiento de su participación en el producto (CESSP, 1986; Márquez, 1988: 38-44).

Con estas transformaciones económicas como telón de fondo era de esperar que la Encuesta Nacional de Ingresos y Gastos de los Hogares (ENIGH) levantada en el primer trimestre de 1984 (primera de cuatro fases) (INEGI-SPP, 1986: 88) marcara una tendencia clara hacia una mayor concentración en la distribución del ingreso. La información preliminar difundida en 1986 y los primeros análisis arrojaron el resultado paradójico de que poco había cambiado respecto de la encuesta anterior, en 1977 (INEGI-SPP, 1986: 88, y Hernández Laos, 1989: 30).

Este hecho no debe llevar a concluir que no hubo cambios en la distribución del ingreso familiar y menos aún que el costo social del

---

realizados por los productores a sus obreros y empleados, así como las contribuciones a la seguridad social; comprende, también, las bonificaciones y los pagos por horas extra, primas, aguinaldos, gratificaciones, indemnizaciones, participación de utilidades, propinas, y cualquier otra forma de pago, ya sea en efectivo o en especie, antes de efectuarle cualquier descuento por contribución a la seguridad social, impuestos u otra deducción análoga". (INEGI-SPP, 1981: 43, 44.) En tanto que el "excedente de explotación... comprende los pagos a la propiedad (intereses, regalías y utilidades) y las remuneraciones a los empresarios, así como *los pagos a la mano de obra no asalariada*. Se obtiene de restar al Producto Interno Bruto, la remuneración de asalariados, el consumo de capital fijo y los impuestos indirectos (deducidos los subsidios)" (SPP, 1981: 20, las cursivas son nuestras).

GRÁFICA 4
Participación de factores, ingreso disponible

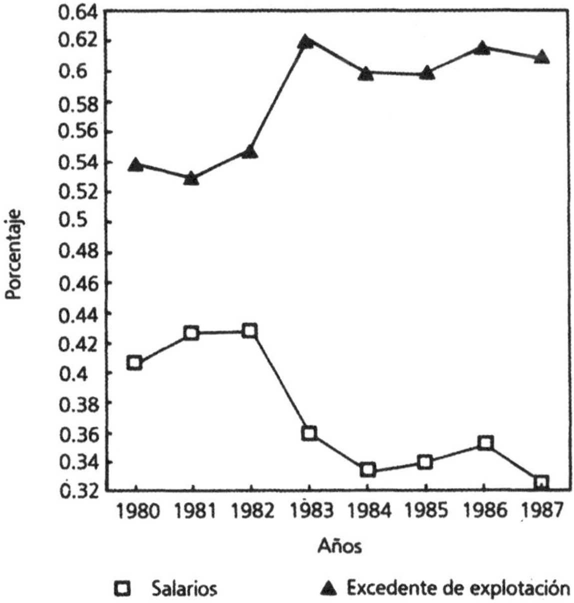

Fuente: *Informe de gobierno,* 1989: 24.

ajuste haya afectado a todos los estratos por igual. El descenso generalizado en los ingresos de los hogares no se registra en el índice de Gini (García Rocha, 1986); cuando la reducción proporcional es más o menos la misma para todos, el índice no se altera. Además, la disminución en los ingresos familiares implica un costo social diferente según los estratos. Por ejemplo, el efecto de una reducción del orden del 20% en el poder adquisitivo de una familia que dispone de diez salarios mínimos para satisfacer sus necesidades, es distinto del de una cuyo ingreso apenas llega a un salario mínimo.

Las repercusiones de las medidas de ajuste se esparcen por todo el organismo económico y social; sin embargo, en este trabajo nos interesa destacar sólo sus efectos sobre las condiciones de vida de la población.

El gasto público real disminuyó[10] a consecuencia de las acciones emprendidas sobre su nivel y composición para sanear las finanzas públicas.[11]

La restricción del gasto en salud afectó la

[10] Pasó de 1 612.33 miles de millones de pesos en 1982 a 1 352.22 en 1985, y se volvió a elevar hasta 1 963.99 en 1988; todas estas cifras están expresadas en pesos de 1980 (véanse cuadros A4.2, A4.3, A4.4, A4.5, A4.6 y A4.7 del anexo I) y se obtuvieron del primer informe de gobierno (Presidencia de la República, 1989: 25).

[11] Del gasto total ejercido por el gobierno federal, en 1980 el 2.1% correspondía a salubridad y asistencia y el 15.0% a educación pública. En 1982 las cifras fueron, respectivamente, 1.4 y 11.3%; en 1988, 1.0 y 6.5%, y en 1989, 0.9 y 6.3%.

Si se toman las mismas cifras pero se excluye el pago de la deuda pública, el gasto en salubridad y asistencia oscila alrededor del 3% del gasto total y en educación pública se mueve alrededor del 20%.

El gasto en salubridad y asistencia subió entre 1980 y 1982 de 19.60 a 22.34 (miles de millones de pesos de 1980). En 1983 cayó abruptamente (15.72), para elevarse en forma paulatina hasta 1988, cobertura y calidad de los servicios proporcionados por el sistema de centros dependientes de la Secretaría de Salud, a lo que se agregan las dificultades financieras del Instituto Mexicano del Seguro Social (IMSS)[12] y del Instituto de Seguridad y Servicios Sociales para los Trabajadores del Estado (ISSSTE),[13] que con menos recursos deben responder a una demanda creciente.[14]

Debido a la caída del gasto estatal en educa-

---

año en que alcanzó 18.65. La disminución porcentual respecto del año de 1980 fue de 14.9%, y en términos per cápita, 19.9%.

El gasto en educación pública pasó de 140.00 a 181.76 y a 123.57 en los años 1980, 1982 y 1988, respectivamente. Su participación en el total del gasto federal cayó en 21.8% entre 1980 y 1988 y si se controla por el tamaño de la población la disminución fue del 25.8%.

Para mayores detalles véanse los cuadros A4.2, A4.3, A4.4, A4.5 y A4.6 del anexo I. Los datos que sirvieron de base para los cálculos se obtuvieron de Presidencia de la República (1989: 31).

[12] En 1982 el IMSS tuvo que suspender la construcción de diversas obras, que incluían nuevas unidades médicas, así como ampliaciones y remodelaciones, guarderías, almacenes, farmacias y otras (IMSS, 1982: 19, 90-95).

[13] Con las cifras proporcionadas por el anexo estadístico del informe presidencial de 1989, ya citado, se tiene que el gasto ejercido del IMSS, en miles de millones de pesos de 1980, se elevó de 96.40 en 1980, a 110.11 en 1982 y bajó desde entonces hasta 80.70 en 1988. Las cifras correspondientes para el ISSSTE fueron 46.47, 39.36 y 32.05 miles de millones de pesos de 1980. Para deflactar se usó el índice deflactor implícito (Presidencia de la República, 1989: 32 y 65).

[14] Por ejemplo, el IMSS registró entre 1982 y 1987 un crecimiento de 24.9% en las consultas médicas, 36.2% en radiodiagnósticos y 22.7% en intervenciones quirúrgicas. Periódico *La Jornada*, 14 de octubre de 1988, p. 30.

ción y la merma en los salarios de los trabajadores, se observa una severa disminución en el ritmo de crecimiento de todos los niveles del sistema escolar; disminución más marcada que el descenso en la tasa de crecimiento de la población en edad escolar (Padua, 1990).

En 1982 la canasta básica representaba 30% del salario mínimo y en 1986 el 50%; las familias con menos de dos salarios mínimos de ingreso redujeron su consumo de bienes básicos (Lustig, 1986). Según el Instituto Nacional del Consumidor, entre junio de 1985 y febrero de 1988 la caída del salario real de los sectores de bajos ingresos provocó que en su dieta no aparecieran carne, mariscos, pescado ni huevos (Inco, 1989).

Los hogares absorben y procesan las repercusiones de la política de ajuste y generan respuestas de acuerdo con sus recursos. Hay una vasta literatura que documenta el uso de la fuerza de trabajo disponible en el hogar, de los bienes familiares y de las redes de solidaridad, para garantizar la reproducción social de los grupos domésticos. Haremos uso de ella a lo largo de este texto.

Las medidas macroeconómicas que se implantaron, a raíz de la crisis del 82, crearon las condiciones para que aumentara el ingreso de los que más tenían y disminuyera el de los sectores más desvalidos, es decir, para que se produjera una mayor concentración. Sin embargo, la medición de la desigualdad no manifestó ese resultado; inesperadamente el coeficiente de Gini permaneció casi igual. En este trabajo sostenemos que esto se debe a que el cambio en la distribución del ingreso familiar no sólo expresa los efectos de las medidas de política económica sino que los mezcla con los de las estrategias que siguieron las familias en defensa de su capacidad de consumo.

Dicho en otras palabras, la distribución del ingreso es el resultado de la combinación de dos procesos opuestos: uno que tendió a concentrar el ingreso, desencadenado por las políticas de ajuste, y otro de sentido contrario, que se originó en las acciones que emprendieron los hogares.

Orientados por esta idea analizaremos la información proporcionada por la Encuesta Nacional de Ingresos y Gastos de los Hogares, 1977 (DGE-SPP, 1981) y los primeros resultados de la de 1984 (INEGI-SPP, 1989); a través de las variaciones de la composición del ingreso de los hogares por fuentes buscaremos una explicación a la paradójica leve tendencia hacia una menor desigualdad, observada en el periodo.[15]

Lamentablemente, no fue posible contar con

[15] Una de las conjeturas más socorridas para "explicar" este resultado sostiene que estas encuestas subestiman en mucho mayor medida los ingresos de los hogares pudientes. Sin embargo, si los porcentajes de subestimación fueran los mismos en ambos años,

los microdatos (datos correspondientes a cada hogar) sino sólo con la distribución del ingreso familiar[16] agrupado en intervalos de 10% de hogares (deciles); por consiguiente las afirmaciones basadas en estos datos siempre se referirán a dichas agrupaciones o bien a los estratos que construiremos a partir de ellas.

La plausibilidad de las interpretaciones que entregamos a lo largo del texto descansa no sólo

---

entonces la subestimación no afectaría a la medición del cambio en los niveles de desigualdad.

Por otra parte, algunos autores sugieren que en el periodo considerado hubo importantes flujos monetarios que percibieron los sectores altos y que no fueron captados por el instrumento utilizado. Entre ellos mencionan las rentas obtenidas por inversiones en el extranjero (Basáñez, 1990: 134 y Murguía, 1986: 9) y las utilidades extraordinarias procedentes de las ganancias especulativas y cambiarias obtenidas en el periodo, sobre todo las originadas en 1977 y a partir de 1982 (Hernández Laos, 1989: 6; Samaniego de Villarreal, 1990: 53 y 54). Este argumento invalidaría la conclusión de que la desigualdad no aumentó entre 1977 y 1984, sólo en el caso en que la subestimación fuera significativamente mayor en la segunda medición. Hasta donde sabemos esto no se ha demostrado.

[16] Las encuestas registran los ingresos corrientes de los hogares y no sus acervos patrimoniales. Aunque la ENIGH de 1984 captó operaciones financieras que modificaron el patrimonio de las familias, estas entradas monetarias no se consideran dentro del ingreso familiar. Por otra parte, el ingreso familiar corriente incluye las percepciones monetarias y en especie que recibieron en conjunto los miembros del hogar durante el periodo de referencia de la encuesta. Se registraron los ingresos netos de los que disponen los hogares (es decir, después de descontar impuestos, cuotas a organizaciones laborales, a instituciones de seguridad social y otras deducciones similares).

en el material de las encuestas aludidas, sino también en la elaboración de explicaciones que pretenden mostrar los vínculos entre una serie de fenómenos sociales que han caracterizado la evolución de la sociedad mexicana desde la primera mitad de la década de los ochenta y en su consistencia con los resultados de investigaciones empíricas pertinentes, con coberturas geográficas y temáticas diversas.

Un antecedente inmediato, motivador de este trabajo, es el estudio de Hernández Laos (1989), quien analizó los datos de las mismas encuestas. Al inicio de la sección que sigue (segunda) nos referiremos a sus principales conclusiones y a través de una técnica estadística simple evaluaremos la contribución de cada componente al cambio en el grado de la desigualdad del ingreso familiar.

En la tercera sección buscamos, a través de la construcción de estratos, acercarnos a la identificación de grupos sociales. Posteriormente los caracterizamos a partir del nivel de sus ingresos, de las fuentes que los originan, de las alteraciones que mostraron en el periodo bajo estudio y de la posible composición ocupacional de sus hogares. La descripción de los grupos sociales permite un primer acercamiento a la gama de respuestas que generaron los hogares ante la disminución de sus salarios reales. Esta sección concluye con una discusión acerca de la posibilidad de individualizar a los sectores sociales que habrían pagado el costo del ajuste.

En la cuarta parte examinamos las contribuciones de las distintas fuentes del ingreso al cambio en el grado de desigualdad de su distribución y aprovechamos la estratificación para perfilar el haz de respuestas que pusieron en práctica los hogares ante la política de ajuste, de acuerdo con los recursos de que disponían.

Finalmente, en la última sección están las principales conclusiones del estudio y se esbozan algunas de sus implicaciones para el mediano y largo plazos.

Incluimos además dos anexos: en el primero reunimos una serie de cuadros y gráficas con información que utilizamos sólo parcialmente para dar apoyo adicional a algunas de las proposiciones del texto. En el segundo proporcionamos los criterios para seleccionar el coeficiente de desigualdad aplicado en este trabajo y las fórmulas de cálculo empleadas.

II. LA DESIGUALDAD EN LA DISTRIBUCIÓN DEL INGRESO FAMILIAR EN EL PERIODO 1977-1984

El ingreso generado por los hogares se capta en las encuestas, desglosado a partir de seis fuentes: remuneración al trabajo, renta empresarial, renta de la propiedad, cooperativas de producción, transferencias y otros ingresos. Para cada fuente se registró tanto el ingreso monetario como el no monetario o en especie.

Las definiciones precisas de estos componentes se encuentran en el "Informe metodológico de la Encuesta Nacional de Ingresos y Gastos de los Hogares 1983-1984" (INEGI-SPP, 1988). La información ya citada que sirvió de base para esta sección (Hernández Laos, 1989) presenta los ingresos de los hogares con las siguientes modificaciones:

1) El *ingreso en especie* es la suma de los ingresos no monetarios de los componentes originalmente captados por la ENIGH, conformado principalmente por la renta estimada de la vivienda propia o recibida en concesión, regalos y pagos en especie (recibidos) y autoconsumo (valor estimado de los bienes producidos y consumidos en el propio hogar).

Si bien la encuesta de ingresos y gastos de 1984 incluye una estimación del ingreso no monetario en las distintas fuentes (ingreso en especie), no aconteció lo mismo en la encuesta de 1977. Para formarse una idea de la evolución del nivel de ingreso habrá que hacer una estimación para este año. Por otra parte, su consideración o no, también afecta la medición del grado de desigualdad ya que tiene una importancia diferencial dentro del ingreso total según los deciles (de casi un 40% en el primer decil, desciende hasta poco menos de 20% en el décimo).

Para estimar el ingreso en especie de 1977 se podrían utilizar los resultados de Lydall (1979) o bien emplear el supuesto de Hernández Laos (1989: 19-20), quien opta por asignar a cada decil en 1977 el mismo valor de 1984. Los valores que obtiene Lydall para la renta imputada de la vivienda, el autoconsumo y los pagos recibidos en especie son, en general, inferiores a los que arroja la encuesta de ingresos y gastos de 1984. Además, la distribución por deciles presenta una "anomalía": el octavo decil tiene un ingreso en especie menor que el séptimo y que el noveno, lo que puede interpretarse como una sobrestimación del ingreso del séptimo decil por este concepto o bien como una subestimación del octavo.

Ante la disyuntiva de elegir las estimaciones de Lydall para 1977 o adoptar el supuesto de Hernández Laos, hay que tomar en cuenta que: *i*) la mayor parte del ingreso no monetario se origina en la imputación de arriendo de la vivienda propia o prestada (55%), la cuarta parte en regalos en especie, un décimo en producción para autoconsumo y el resto en pagos recibidos en especie; *ii*) la "anomalía" que presentan los datos de Lydall entre el séptimo y octavo deciles; *iii*) la encuesta de 1984 captó con mayor precisión el ingreso en especie, y *iv*) que por tratarse de ingresos generados al margen del mercado probablemente sufrieron un deterioro menor por la inflación que los monetarios aunque, como lo señalan algunos estudios puntuales, puede haber tenido lugar un aumento en la producción doméstica para el autoconsumo. Todos estos antecedentes, así como la escasa variación que presentaron nuestros resultados usando la estimación de Lydall o la de Hernández Laos, nos llevaron a adoptar en este trabajo la decisión de este último: el monto del ingreso en especie en 1977 fue igual que el de 1984.

Es necesario tener esto presente si se comparan estas cifras con las de otros estudios.

2) En el componente de *transferencias* se consideró el saldo de las transferencias recibidas por

el hogar y las otorgadas a otras unidades (que la ENIGH captó en el gasto corriente).

3) Se eliminó del ingreso familiar el componente *otros ingresos* porque la venta de un bien mueble (por ejemplo un automóvil) a la vez que genera un flujo monetario, significa una disminución del patrimonio del hogar.

4) El ingreso monetario procedente de *cooperativas de producción* se sumó a la *renta empresarial*.

En la tabla 1 aparece, a grandes ragos, el significado de los componentes del ingreso conforme a los conceptos de las encuestas y a la reordenación que usamos en este trabajo.

En lo que atañe a nuestros intereses de investigación, las principales conclusiones de Hernández Laos fueron: *i*) la leve tendencia hacia la equidistribución del ingreso monetario familiar se debe a un fuerte movimiento hacia la igualdad de la remuneración al trabajo, contrarrestado, en parte, por otro en dirección a una mayor concentración en la renta empresarial; *ii*) al eliminar de los ingresos las entradas por ventas de activos y considerando sólo las transferencias netas, se mantiene la tendencia hacia la equidistribución; los principales responsables del cambio siguen siendo los salarios y la renta empresarial, y no se puede identificar con claridad el efecto de la renta a la propiedad (Hernández Laos, 1989: 26-29).

La escasa variación que presentó el índice de Gini entre 1977 y 1984 oculta alteraciones en las fuentes que componen el ingreso familiar. Para tener una visión sintética de los cambios debemos encontrar una medida que proporcione una indicación del grado de concentración y a la vez permita calibrar las contribuciones de las distintas fuentes.

El coeficiente de Gini no es apropiado para estos fines. Este índice, cuando se aplica a una suma de variables (como es el caso del ingreso total que resulta de la suma de los cinco componentes) no se puede expresar como la suma de los índices de las variables. Ello se debe a la superposición de las distribuciones de frecuencias (Diéguez y Petriecola, s/f: 132 y 133; Pyatt, 1976: 243-245).

La selección del coeficiente de desigualdad adecuado a nuestros propósitos debe tomar en cuenta que tiene que cumplir con los criterios que se exigen a una buena medida de desigualdad (Sen, 1973: 31 y 32; Theil, 1967: anexo del capítulo 4) y posibilitar el análisis de la composición y del cambio en el nivel de concentración (Cortés y Rubalcava, 1984: capítulos IV y V). No sabemos de alguna medida estadística que satisfaga simultáneamente estos requerimientos. Considerando que el centro de este trabajo es el análisis de las variaciones en la composición del ingreso por fuentes, nos parece adecuado utili-

TABLA 1
Componentes del ingreso *(definiciones)*

Remuneración al trabajo (monetario)
Ingreso neto obtenido a cambio de la venta de fuerza de trabajo a una empresa o patrón. Incluye sueldos, salarios, horas extra, comisiones, propinas, aguinaldos, gratificaciones, premios, primas vacacionales y reparto de utilidades.
Renta empresarial (monetario)
Utilidades netas que obtienen tanto los propietarios de negocios, como las personas que realizan actividades productivas, ya sea en forma independiente o en sociedad. En ambos casos pueden ser trabajadores por cuenta propia o empleadores. Incluye negocios industriales, comerciales, de servicios, procesamiento de materias primas (maquila), negocios de alquiler de bienes muebles, ingresos procedentes de actividades agrícolas y forestales e ingresos provenientes de actividades primarias.
Renta de la propiedad (monetario)
Ingresos netos recibidos por la posesión de activos físicos y no físicos, tierras y terrenos, obtenidos en forma de intereses, dividendos, regalías, rentas, etcétera.
Transferencias (monetario)
Recibidas. Percepciones que reciben los hogares y que no constituyen un pago por trabajo realizado ni por la posesión de activos. Abarca indemnizaciones, jubilaciones, pensiones, becas, subsidios y donativos originados dentro o fuera del país. Otorgadas. Pagos que los hogares realizan por primas, indemnizaciones, donativos; pérdidas y robos en dinero; pagos a la administración pública por impuesto predial, tenencia de automóviles, expedición de licencias, pasaportes, actas, etc., y multas, recargos y similares.

TABLA 1
(concluye)

Nota: Las encuestas no se refieren específicamente a las prestaciones monetarias ni a las remesas de dinero, sino que las registran como "regalos" o "donativos". (Se consideró el saldo)
Ingreso en especie (no monetario)
Pagos, rentas y transferencias, *en especie*, que reciben los hogares para su consumo final (el valor se estimó a precios corrientes al consumidor). Incluye imputación del alquiler por el uso de la vivienda (propia o prestada), regalos o donativos, producción para autoconsumo y pagos; todos recibidos en especie.

Fuente: ENIGH, 1984. Informe metodológico.

zar la varianza, especialmente porque se puede descomponer con facilidad.[1]

Un resultado conocido de la estadística elemental establece que la varianza de la suma de J variables:

$$Y_i = \Sigma_j X_{j,i} \quad (i = 1, 2, 3, \ldots n),$$

es igual a:

$$V = \Sigma_j V_j + \Sigma_j \Sigma_k C_{jk} \text{ con } j \neq k = 1, 2, \ldots J.$$

[1] Véase el anexo II.

En esta aplicación Y_i simboliza el ingreso total de la familia i, V su varianza, $X_{j,i}$ su componente j, V_j la varianza del componente j y C_{jk} las covarianzas entre componentes.[2]

La ecuación expresa que la varianza total se compone de la suma de varianzas y covarianzas y permite individualizar qué parte de la variabilidad total se debe a la dispersión de cada uno de los componentes y qué parte surge de la relación que hay entre ellos.

Esta medida asumirá el valor cero en caso de que los diez deciles tengan el mismo ingreso y se alejará de cero (sin límite superior preestablecido) si está distribuido inequitativamente. Para analizar el cambio en el nivel de desigualdad entre 1977 y 1984 basta con obtener la diferencia entre las varianzas totales respectivas. Si el subíndice 0 corresponde a 1977 y el 1 a 1984, entonces el cambio será:

$$V_1 - V_0 = \Sigma_j (V_{j,1} - V_{j,0}) + \Sigma_j \Sigma_k (C_{jk,1} - C_{jk,0})$$

La variación en el nivel de desigualdad entre 1977 y 1984 se constituye, por una parte, por el cambio en el nivel de concentración de cada uno de los componentes (remuneración al trabajo, renta empresarial, renta de la propiedad, etc.) y por otra, por sus correlaciones (o variaciones

[2] *Idem.*

conjuntas; por ejemplo, entre la remuneración al trabajo y la renta empresarial; entre ésta y la renta de la propiedad, etcétera).

Los resultados del cálculo de esta ecuación deben interpretarse con cautela. No hay que olvidar que las varianzas y covarianzas se obtuvieron a partir de los deciles, por lo que sería impropio extender las afirmaciones hasta los hogares o los individuos.

El primer cuadro del anexo I presenta la distribución del ingreso familiar por deciles y por fuentes para los años considerados (véase cuadro A1.1 del anexo I).

En 1977, la varianza total fue de 42.792 y se compuso como se muestra en el cuadro 1.

En la diagonal principal están las varianzas y fuera de ella los duplos de las covarianzas. Los valores del primer renglón del cuadro muestran que más de un 85% (36.7) del valor total de la varianza se origina en la remuneración al trabajo y su covariación con las demás fuentes. Además, el cuadrado del coeficiente de variabilidad[3] (varianza total dividida entre el cuadrado de la media aritmética total) fue de 0.951.

En 1984, la varianza fue de 26.981 y su composición fue la que se muestra en el cuadro 2.

Si bien la remuneración al trabajo y su corre-

[3] Este coeficiente se calcula para obtener una cantidad sin unidades que facilite la comparación con 1984.

CUADRO 1

Grado de desigualdad por fuentes del ingreso familiar, 1977

(*Varianzas y covarianzas calculadas por deciles*)

	Remuneración al trabajo	*Renta empresarial*	*Renta de la propiedad*	*Transferencias monetarias*	*Ingreso en especie*
Remuneración al trabajo	16.731	9.653	0.966	2.156	7.183
Renta empresarial		1.453	0.306	0.637	2.097
Renta de la propiedad			0.018	0.065	0.213
Transferencias monetarias				0.072	0.467
Ingreso en especie					0.775

CUADRO 2

Grado de desigualdad por fuentes del ingreso familiar, 1984

(*Varianzas y covarianzas calculadas por deciles*)

	Remuneración al trabajo	*Renta empresarial*	*Renta de la propiedad*	*Transferencias monetarias*	*Ingreso en especie*
Remuneración al trabajo	6.975	6.267	1.433	1.046	4.626
Renta empresarial		1.512	0.706	0.450	2.128
Renta de la propiedad			0.085	0.103	0.493
Transferencias monetarias				0.041	0.343
Ingreso en especie					0.775

lación con las otras fuentes sigue conformando la mayor parte del valor del índice de desigualdad, su importancia relativa disminuyó a poco más de 75% (20.347 del total). Además, el coeficiente de variabilidad al cuadrado fue de 0.885, es decir, levemente inferior al de 1977.

La disminución de la varianza total (–15.811) se descompone mediante la resta, casilla a casilla, de los dos cuadros (cuadro 2 menos cuadro 1) y proporciona una visión sintética de los principales cambios entre 1977 y 1984 (véase el cuadro 3).

La imagen que se desprende del cuadro 3 coincide en parte con las conclusiones que arrojó el estudio de Hernández Laos (1989) en tanto muestra que la leve tendencia a la equidistribución es producto, básicamente, del movimiento hacia la igualdad que manifiesta la remuneración al trabajo. Pero también muestra que debemos poner atención a las relaciones entre la remuneración al trabajo y la renta empresarial, el ingreso en especie y las transferencias, que presentan la misma tendencia. Estos pronunciados movimientos dominan las fuerzas que empujan hacia una mayor concentración: renta empresarial y renta de la propiedad con las covariaciones de esta última con el pago por trabajo y con la renta empresarial.

La diferencia entre los cuadrados de los coeficientes de variablidad, restando al de 1984 el de 1977, marca la misma tendencia que el coefi-

CUADRO 3

Cambio en el grado de desigualdad por fuentes, 1984-1977

(*Varianzas y covarianzas calculadas por deciles*)

	Remuneración al trabajo	*Renta empresarial*	*Renta de la propiedad*	*Transferencias monetarias*	*Ingreso en especie*
Remuneración al trabajo	−9.756	−3.386	0.467	−1.110	−2.557
Renta empresarial		0.059	0.400	−0.188	0.031
Renta de la propiedad			0.067	0.038	0.279
Transferencias monetarias				−0.031	−0.124
Ingreso en especie					0.000

ciente de Gini (a pesar de las limitaciones estadísticas ya aludidas): en 1984 el ingreso familiar se distribuyó más equitativamente que en 1977 (la diferencia entre los cuadrados de los coeficientes de variabilidad fue de −0.067).

Estos resultados entregan una medida de la variación de la desigualdad en la distribución del ingreso entre deciles (agregados estadísticos) y no entre categorías sociales, por ejemplo, estratos sociales, clases sociales o cualquier otro tipo de grupos. Es habitual que, a partir de los análisis por deciles, se especule sobre su significación para diferentes grupos sociales. En la sección que sigue ofrecemos una caracterización de los deciles y presentamos una estratificación acompañada de un intento por describir las categorías ocupacionales que conforman cada estrato.

III. TRANSFORMACIÓN DE LOS DECILES EN ESTRATOS SOCIALES

3.1 *Estratificación de hogares, 1977 y 1984*

Los análisis comparativos de la distribución del ingreso deben considerar en primera instancia los cambios que afectaron al ingreso total (cambios en el monto total que se distribuye) y los que afectaron a los hogares (número de unidades entre las que se distribuye el ingreso total). Un recurso que se utiliza con frecuencia en las investigaciones consiste en controlar los cambios en el número de hogares a través de definir, en cada uno de los años que se comparan, agrupaciones que contengan el mismo número de hogares. Por lo tanto la justificación de la construcción de deciles es básicamente estadística.

Como la intención de este trabajo es ver de qué manera se han visto afectados algunos grupos sociales por los cambios ocurridos en la distribución del ingreso durante el periodo en estudio, comenzaremos precisamente por conformar dichos grupos a partir de los deciles de hogares (la información original está en el cuadro A1.1 del anexo I).

El ingreso familiar que reportan las encuestas es el que acumularon *todos* los miembros del hogar que generaron algún tipo de ingreso, con la salvedad de que la información que se difundió no presenta el dato de cuántos fueron estos miembros.[1] Sin embargo, existe suficiente evidencia sobre la intensificación en el uso de la

[1] Si bien la fuente presenta algunos cuadros que incluyen el número de perceptores, éstos se refieren sólo "a los miembros del hogar que durante el periodo de referencia recibieron ingresos de cualquier tipo" (INEGI-SPP, 1989: anexo 2, p. 165). La definición anterior no incluye a los miembros del hogar que trabajaron sin remuneración ni a los menores de doce años.

Esto hace probable que al aplicar el cuestionario se registren menos perceptores de ingresos en los estratos bajos que en los altos:

i) Las actividades "empresariales" dentro del propio hogar no suelen ser consideradas por los miembros de la unidad doméstica de escasos recursos como negocio de quienes las realizan, sino del jefe del hogar. En una encuesta realizada entre comerciantes del sector informal (Benites, 1990), a la pregunta de si un familiar recibía un pago por su trabajo se respondió reiteradamente con la expresión "no se le paga; toma de la caja el dinero que necesita". La información censal proporciona evidencia indirecta favorable a esta interpretación; según el Censo de Población y Vivienda de 1980, la proporción de trabajadores no remunerados dentro de la PEA fue el 9% en Oaxaca y el 4.5% en Nuevo León (cuadro 11: 191-204). También la Encuesta de Ingresos y Gastos de 1984 registra menos perceptores y más ocupados en los hogares de baja densidad que en los de alta (INEGI-SPP, 1984: 6).

ii) Los ingresos procedentes de otras fuentes también pueden declararse como ingresos del jefe; tal es el caso de la renta de propiedades de la familia independientemente de quién sea el fuerza de trabajo de los grupos domésticos de escasos recursos como respuesta al ajuste. Estos hogares enfrentaron el ciclo depresivo iniciado en 1982 colocando fuerza de trabajo femenina e infantil en el mercado (González de la Rocha, 1988) o abriendo pequeños comercios atendidos por la esposa o los hijos (Benites, 1990; Cortés y Benites, 1991), sin importar si son actividades formales; éstas se realizan al margen del mercado, o en la economía subterránea. Como parte del mismo fenómeno las tasas de empleo femenino crecieron por encima de las masculinas (De Barbieri, 1989: 12; Oliveira, 1988).

En el cuadro A1.2 del anexo I, se presentan para los años 1977 y 1984 los diez deciles de hogares en orden ascendente de su promedio de ingreso familiar (en este trabajo los ingresos considerados son mensuales y se expresan siempre en pesos de 1978); el cuadro también incluye la equivalencia de ese ingreso familiar en salarios mínimos y la proporción del ingreso total que perciben los hogares de cada decil. En 1977 había en México aproximadamente 11 838 500 familias y en el primer trimestre de 1984 habían aumentado a alrededor de 14 561 867.

En 1977 el primer 10% de las familias recibía el 1.1% del ingreso total, con un promedio por

---

dueño formal y de las remesas de dinero que recibe el hogar, de miembros que laboran en otras partes del país o del extranjero.

hogar de menos de una cuarta parte del salario mínimo, mientras que el 10% de las familias con mayores ingresos reunía el 35.5%, con un promedio de casi siete y media veces el salario mínimo. En 1984 los hogares del primer decil, con 1.4% del ingreso total, tenían un ingreso familiar que no llegaba al 40% del salario mínimo y los del último decil, con 34.6% del ingreso, recibían en promedio un poco más de nueve salarios mínimos por hogar.

La desigualdad de la distribución del ingreso familiar se aprecia en el cuadro 4.

Si bien en términos de salarios mínimos aparece una mejora en los ingresos de todos los deciles en el periodo, ésta es ilusoria ya que la

CUADRO 4
Número de familias necesarias para obtener el ingreso de una familia del decil X

	Año	
Decil	*1977*	*1984*
I	31	25
II	15	13
III	11	10
IV	8	7
V	6	6
VI	5	5
VII	4	4
VIII	3	3
IX	2	2
X	1	1

caída del salario real contrarresta con creces el aumento observado. Esto se muestra también en el cuadro A1.2 (véase el anexo I), en la columna que indica la equivalencia de los ingresos de los hogares en 1984, con salarios mínimos de 1977 y que evidencia en todos los deciles (excepto en el primero) un descenso del ingreso promedio.

En el cuadro A1.2 del anexo I, se puede igualmente corroborar que cuando los estudios de distribución del ingreso se refieren a los deciles intermedios (generalmente del IV al VII), el grupo social que integran incluye hogares que obtienen en total entre uno y tres salarios mínimos. Ese grupo intermedio con el 40% de los hogares recibía en 1984 el 28% del ingreso. La conformación de estos deciles intermedios era ya en 1977 eminentemente urbana; en los deciles IV a VII menos del 30% de los hogares eran rurales, ya que la mayor parte de éstos están incluidos en los deciles I, II y III de la distribución, en una tendencia a la concentración que mostraban los ingresos en el medio rural desde fines de los cincuenta (Lustig, 1987: 227-229; Rovzar, 1981: 118). Este rasgo deberá tenerse en cuenta al estudiar la distribución del ingreso en grupos específicos.

Una estrategia para identificar grupos sociales a partir de deciles consiste en reunirlos en un número menor de estratos "homogéneos", conforme al monto y peso relativo del ingreso en cada uno de los componentes. La homogeneidad no se buscará mediante la asignación *a priori* de igual número de hogares a cada estrato, sino a través de un método que permita reunir en el mismo grupo a los deciles que puedan considerarse similares en el nivel y composición del ingreso de sus hogares, y asignar a estratos diferentes los deciles cuyos hogares no se parezcan en el nivel y pautas de ingresos por fuentes de origen. Las estratificaciones de 1977 y 1984 se basaron en análisis de conglomerados (SPSS, 1989); la construcción de los estratos tomó en cuenta los montos de los ingresos y su desglose por fuente en los diez deciles de hogares.[2]

A continuación se presenta, en primer lugar, una caracterización estadística de los estratos y, posteriormente, se ofrece una descripción de los mismos a partir de la composición del ingreso de los hogares que agrupan y de los sectores sociales que presumiblemente contienen.

Los estratos, agrupaciones de deciles que presentan niveles y participaciones similares en los cinco componentes del ingreso considerados simultáneamente, se caracterizan numéricamente en el cuadro 5. Con ese criterio de agrupación se aprecia que los dos estratos más bajos de la

[2] Los resultados del análisis de conglomerados están en el cuadro A2.1 del anexo I. En los cuadros de resumen indicamos con una línea punteada la selección del número de conglomerados.

escala reunían al 60% de los hogares en 1977 y al 70% en 1984. Los dos estratos más altos son iguales en ambos años e incluyen cada uno un decil (el decil X constituye el estrato alto y el IX, el estrato medio alto).

Respecto al ingreso familiar se puede decir que todos los hogares lo vieron disminuido en términos reales pero para el 40% de los hogares agrupados en el estrato medio bajo la reducción fue de un 3.9% (la menor reducción), mientras que en el estrato más bajo la pérdida relativa fue mayor; casi el doble. Este resultado parece estar en desacuerdo con una frase que se ha convertido en un "lugar común" dentro del tema: "las clases medias son las que más perdieron"; más adelante veremos cuál es su explicación. Para describir la situación de cada estrato y apreciar los matices de la distribución, comenzaremos por ver con qué ingreso cuentan los hogares de cada uno de ellos y cuáles fueron los cambios ocurridos en el periodo considerado.

Los estratos aparentemente más perjudicados fueron el alto y el medio alto, cuyos ingresos en términos de salarios mínimos de 1977 se redujeron de 7.4 a 6, y de 3.7 a 3, respectivamente. En cambio el estrato "más favorecido" fue el bajo, que de 0.47 del salario mínimo que percibía en promedio cada uno de sus hogares en 1977, sólo descendió a 0.44 en promedio en 1984. Gracias a la caída del salario mínimo en términos reales

CUADRO 5

Ingreso familiar promedio por estratos y componentes; 1977, 1984

(*Ingresos mensuales, en miles de pesos de 1978*)

	Estratos				
	Bajo	*Medio bajo*	*Medio*	*Medio alto*	*Alto*
Deciles 1977	I a III	IV a VI	VII a VIII	IX	X
Hogares (%) 1977	30	30	20	10	10
Deciles 1984	I a III	IV a VII	VIII	IX	X
Hogares (%) 1984	30	40	10	10	10
Ingreso familiar 1977	1.514	4.006	7.426	11.835	23.818
Ingreso familiar 1984	1.409	3.851	6.912	9.572	19.120
Reducción (%)	6.9	3.9	6.9	19.1	19.7
Salarios mínimos 1977*	0.471	1.246	2.310	3.681	7.408
Salarios mínimos 1984*	0.671	1.833	3.291	4.557	9.103
Salarios mínimos 84(77)**	0.438	1.198	2.150	2.977	5.947
Componentes					
Remuneración al trabajo 1977	0.587	2.351	4.646	7.626	14.372
Remuneración al trabajo 1984	0.505	2.031	3.669	5.361	9.345

Reducción (%)	14.0	13.6	21.0	29.7	35.0
Renta empresarial 1977	0.441	0.772	1.315	1.848	4.621
Renta empresarial 1984	0.359	0.779	1.387	1.572	4.640
Reducción (%)***	18.6	−0.9	−5.5	14.9	−0.4
Renta de la propiedad 1977	0.003	0.007	0.008	0.048	0.454
Renta de la propiedad 1984	0.021	0.037	0.139	0.256	1.009
Reducción (%)***	−600.0	−428.6	−1 637.5	−433.3	−122.2
Transferencias 1977	0.102	0.208	0.305	0.540	1.012
Transferencias 1984	0.143	0.250	0.423	0.610	0.767
Reducción (%)***	−40.2	−20.2	−38.7	−13.0	24.2
Ingreso en especie 1977	0.381	0.668	1.152	1.773	3.359
Ingreso en especie 1984	0.381	0.754	1.294	1.773	3.359
Reducción (%)***	0.0	−12.9	−12.3	0.0	0.0

* Los salarios mínimos mensuales (en pesos de 1978) son: 1977, 3 215.04; 1984, 2 100.37.

** Equivalente del ingreso de 1984 en salarios mínimos de 1977.

*** Las reducciones negativas son aumentos. En el caso del ingreso en especie los dos aumentos se deben al cambio en la composición de los estratos medio bajo y medio.

Fuente: elaboraciones propias a partir de los datos de los cuadros A1.1 y A1.2 del anexo I.

en 1984 *sólo* la tercera parte de todos los hogares del país recibía menos de ese ingreso básico (esto es, menos de 2 100.37 pesos de 1978); en 1977 el 40% de las familias estaban por debajo de ese umbral (recibían menos de 3 215.04 pesos de 1978).

Aunque en todos los estratos se redujo el ingreso familiar, en el bajo la caída fue de 6.9% y en el alto de 19.7%. Sin embargo, la reducción no se distribuye por igual en las distintas fuentes que originan el ingreso ni se manifiesta de manera similar en los estratos. Los cuadros 6 y 7 muestran en detalle los cambios en la composición del ingreso familiar por fuentes. A continuación procederemos a examinarlos en el lapso 1977-1984.

3.2 *Los estratos según los componentes del ingreso*

A continuación se destacarán las peculiaridades de cada componente del ingreso en los estratos de hogares propuestos:

a) *Remuneración al trabajo*. La reducción de los salarios reales en el periodo se manifiesta en una caída de la importancia de este componente dentro del ingreso familiar. Decreció en todos los estratos pero sigue siendo la fuente fundamental de ingreso para los hogares. En el ingreso

CUADRO 6

Desglose del ingreso familiar por componentes, 1977

(Ingresos mensuales en miles de pesos de 1978.
Absolutos y porcentajes respecto al ingreso familiar)

	Estratos				
	Bajo	*Medio bajo*	*Medio*	*Medio alto*	*Alto*
Hogares (número)	3 551 550	3 551 550	2 367 700	1 183 850	1 183 850
Hogares (%)	30	30	20	10	10
Deciles	I a III	IV a VI	VII a VIII	IX	X
Ingreso familiar* (promedio mensual)	1.514	4.006	7.426	11.835	23.818
Remuneración al trabajo	0.587	2.351	4.646	7.626	14.372
Proporción del ingreso	38.8	58.7	62.6	64.4	60.3
Renta empresarial	0.441	0.772	1.315	1.848	4.621
Proporción del ingreso	29.1	19.3	17.7	15.6	19.4
Renta de la propiedad	0.003	0.007	0.008	0.048	0.454
Proporción del ingreso	0.2	0.2	0.1	0.4	1.9
Transferencias	0.102	0.208	0.305	0.540	1.012
Proporción del ingreso	6.7	5.2	4.1	4.6	4.2
Ingreso en especie	0.381	0.668	1.152	1.773	3.359
Proporción del ingreso	25.2	16.7	15.5	15.0	14.1

* Salario mínimo mensual (pesos de 1978): 3 215.04.

CUADRO 7

Desglose del ingreso familiar por componentes, 1984

(*Ingresos mensuales en miles de pesos de 1978. Absolutos y porcentajes respecto al ingreso familiar*)

	Estratos				
	Bajo	*Medio bajo*	*Medio*	*Medio alto*	*Alto*
Hogares (número)	4 368 561	5 824 748	1 456 187	1 456 187	1 456 187
Hogares (%)	30	40	10	10	10
Deciles	I a III	IV a VII	VIII	IX	X
Ingreso familiar* (promedio mensual)	1.409	3.851	6.912	9.572	19.120
Remuneración al trabajo	0.505	2.031	3.669	5.361	9.345
Proporción del ingreso	35.8	52.7	53.1	56.0	48.9
Renta empresarial	0.359	0.779	1.387	1.572	4.640
Proporción del ingreso	25.5	20.2	20.1	16.4	24.3
Renta de la propiedad	0.021	0.037	0.139	0.256	1.009
Proporción del ingreso	1.5	1.0	2.0	2.7	5.3
Transferencias	0.143	0.250	0.423	0.610	0.767
Proporción del ingreso	10.1	6.5	6.1	6.4	4.0
Ingreso en especie	0.381	0.754	1.294	1.773	3.359
Proporción del ingreso	27.0	19.6	18.7	18.5	17.6

* Salario mínimo mensual (pesos de 1978): 2 100.37.

familiar del estrato bajo las remuneraciones salariales representaban el 35.8% en 1984 (es el estrato en que era menos significativa esta fuente) y en el del estrato medio alto ascendieron al 56% (la mayor importancia relativa).

b) *Renta empresarial*. En términos generales es la fuente que sigue en cuantía a la remuneración al trabajo. El aumento de la importancia del sector informal en la economía mexicana, ampliamente documentado en la literatura sobre el tema, es consistente con el incremento en la participación de la renta empresarial dentro del ingreso de los hogares entre 1977 y 1984. Prácticamente en todos los estratos se registró este aumento, excepto en el bajo, en el que a pesar de haber perdido importancia relativa tiene la proporción más alta (25.5%). En la misma medida en que en este estrato perdió importancia, la adquirió en el alto, para el cual significó el 24.3% del ingreso de los hogares (en 1977 era del 19.4%). En el estrato en que la renta empresarial tiene menos importancia es en el medio alto, en cuyo total sólo participa con el 16.4 por ciento.

c) *Ingreso en especie*. Su relevancia dentro del ingreso familiar es muy similar a la de la renta empresarial; la diferencia con ésta es que su participación presenta un patrón descendente que va de casi el 30% en el estrato bajo hasta un poco menos del 20% en el alto, en 1984.[3]

Como en conjunto estos tres componentes acumulan más del 90% del ingreso de los hogares en los estratos (excepto en el bajo, en el que las transferencias significaron todavía el 10%), no nos detendremos a considerar los restantes en detalle. Sólo cabe destacar que la renta de la propiedad y las transferencias monetarias son componentes que se incrementaron en términos relativos (la única excepción es el estrato alto, en el que se redujo la importancia proporcional de las transferencias). Por lo que toca a la renta de la propiedad, sólo diremos que por ser una fuente prácticamente inexistente en 1977, sus niveles en 1984 acusan los incrementos más notables del periodo, sobre todo en los tres estratos inferiores (véase el cuadro 5).

3.3 *Descripción de los estratos de hogares*

Examinaremos los estratos a partir de los deciles de hogares que agrupan, del valor e importancia porcentual de los componentes de sus ingresos

[3] Algunas diferencias entre este trabajo y otros que han utilizado los datos de la ENIGH de 1977 se deben a nuestra decisión de adoptar el criterio de imputación que fundamenta Hernández Laos (1989) en su estudio, para el ingreso en especie captado insuficientemente en esa encuesta. Varios autores no consideran este componente en 1977.

en 1984 y de los cambios que registraron en el periodo. Para aproximarnos a los grupos sociales que denotan, complementaremos esta información con los resultados de dos investigaciones, una sobre segmentación del mercado de trabajo (Diez-Canedo y Vera, 1982), que se hizo a partir de la ENIGH de 1977 (véase en el anexo I, el cuadro A3.1), y la otra (Oliveira y Roberts, 1989), que propone una estratificación por ocupación en México para 1980 (véase en el anexo I, el cuadro A3.2).

El primero de los estudios presenta la distribución *porcentual* de los ocupados, por deciles y ramas de la actividad económica (excepto la agricultura) en 1977. Con el dato del total de individuos ocupados y la distribución por decil de los ocupados en la agricultura que proporcionan los autores en otro cuadro, fue posible generar ambos cuadros con el número de trabajadores (absolutos en lugar de porcentajes) y a partir de ellos producir el cuadro de ocupados por estrato y rama, según los estratos que resultaron de nuestro análisis de conglomerados de 1977 (véase en el anexo I, el cuadro A3.1). Este resultado se complementó con los cinco segmentos que construyeron Diez-Canedo y Vera, para elaborar una primera aproximación a los grupos sociales que incluye cada estrato, y se afinó, posteriormente, con la estratificación por ocupación en México (1940-1980) que proporcionan

Oliveira y Roberts. De su trabajo (elaborado a partir de tabulaciones especiales de los censos nacionales) tomamos la distribución porcentual correspondiente a 1980, de cada una de sus quince agrupaciones ocupacionales (definidas a partir de ocupación, rama y posición; véase el cuadro A3.2 del anexo I).

También incorporaremos en la interpretación los hallazgos de varias investigaciones sociales que han estudiado las respuestas de algunos grupos particulares ante los apremios económicos que han debido encarar en el último tiempo. Cabe mencionar que estos análisis casi nunca hacen referencia al ingreso familiar de los grupos que estudian debido a las dificultades teóricas, metodológicas y prácticas que implican tanto su medición como la adecuada captación de sus distintas modalidades, monetarias y no monetarias.[4]

La descripción que presentaremos a continuación se basa en los cuadros 5, 6 y 7 y en la composición de los estratos que se resume en la tabla 2.

[4] El informe metodológico de la encuesta (ENIGH, 1984) presenta información detallada sobre la metodología empleada, los instrumentos de captación, el diseño de la muestra, la localización geográfica de las unidades de observación, las características del levantamiento y el tratamiento de la información.

Estrato bajo. Reúne a casi la tercera parte de los hogares de México (alrededor de cuatro millones de familias que seguramente son más de la tercera parte de la población debido al comportamiento demográfico diferencial; López, 1989: 15), sin embargo su participación en el ingreso total apenas asciende al 7.6%. En este estrato están los hogares de infrasubsistencia del país y si no se revirtieron las tendencias detectadas a partir de 1958 (Rovzar, 1981), sus familias se localizarían primordialmente en el medio rural (Lustig y Ros, 1986: 22) y podemos agregar que muy probablemente en estados con gran parte de su población pobre y dispersa, dedicada a la agricultura, como Chiapas y Oaxaca,[5] pero incluye también a trabajadores de otros sectores en el medio rural (la mayor parte de los hogares rurales del país pertenecen a este estrato) y a los marginales urbanos, principalmente trabajadores por cuenta propia en la manufactura y en la prestación de servicios menores.

[5] Según el X Censo General de Población y Vivienda, 1984, Chiapas y Oaxaca son los estados con mayor proporción de población que vive en localidades de menos de mil habitantes (52 y 42%, respectivamente), con mayor proporción de la PEA dedicada a la agricultura (57 y 55%) y también en los que una parte importante de la PEA percibe ingreso menor al salario mínimo (64 y 66%). De acuerdo con las estratificaciones que se utilizan en las ENIGH, estos estados pertenecían desde 1960 al estrato más pobre y con mayor desigualdad (medida con el coeficiente de variación) en la distribución del ingreso per cápita (véase en el Informe metodológico de la ENIGH, 1984, la sección "Diseño de la muestra").

TABLA 2
Estratos de hogares, 1984
*(composición ocupacional)**

Estrato bajo
(Deciles I, II y III; 4 368 561 hogares; promedio, 0.67 salario mínimo.) Incluye la mayor parte de los hogares agrícolas, hogares de trabajadores de otros sectores en el medio rural y los hogares marginales urbanos (principalmente de trabajadores por cuenta propia en la manufactura y en servicios menores).
Estrato medio bajo
(Deciles IV, V, VI y VII; 5 824 748 hogares; promedio, 1.83 salarios mínimos.) Agrupa hogares de agricultores, de trabajadores de servicios tradicionales (comercio y servicios personales) en el medio rural y en el urbano, obreros de la construcción, obreros asalariados no calificados y eventuales de la industria moderna y a hogares de asalariados no manuales.
Estrato medio
(Decil VIII; 1 456 187 hogares; promedio, 3.29 salarios mínimos.) Estrato al que pertenecen hogares de trabajadores asalariados no manuales (empleados bancarios, oficinistas y técnicos), obreros asalariados de la industria, empresarios menores (por cuenta propia en el comercio y otros sectores) y algunos agricultores prósperos.
Estrato medio alto
(Decil IX; 1 456 187 hogares; promedio, 4.56 salarios mínimos.)

TABLA 2
(concluye)

Formado por hogares de trabajadores estables del sector formal (profesionistas dependientes e independientes, empleados de confianza del gobierno y obreros de la industria moderna) y hogares de pequeños empresarios (en la industria y el comercio).

Estrato alto

(Decil X; 1 456 187 hogares; promedio, 9.10 salarios mínimos.)
Se integra con hogares de empleadores, gerentes y profesionales y técnicos de alto nivel (independientes y dependientes).

* Una estratificación social como la que proponemos en esta tabla requiere para su construcción, información para cada hogar. En ausencia de ella, recurrimos a datos indirectos de las propias encuestas y a algunos resultados de investigaciones.

El monto mensual promedio de estas familias, reunido por todos los miembros del grupo que generaron algún tipo de ingreso (niños y adultos; mujeres y hombres; ingreso monetario y en especie; en jornada parcial, completa o doble) no alcanzó en 1984 ni al 70% del salario mínimo (1 409 pesos al mes), a pesar de la disminución de su poder adquisitivo respecto de 1977.

Los hogares de este estrato son los que tienen la conformación del ingreso familiar más diversificada. Este hecho es consistente con dos explicaciones no mutuamente excluyentes:

a) En general, las familias de este estrato aprovechan todos los medios a su alcance para acceder a los recursos que satisfagan las necesidades del grupo, incluida la generación de bienes y servicios producidos y consumidos en casa (ingreso en especie), que para este grupo de hogares tiene mayor importancia relativa que en los demás estratos (27% del ingreso de los hogares del estrato).

b) Las familias del estrato bajo forman núcleos que obtienen sus ingresos de una fuente fundamental, pero esa fuente varía según el espacio concreto en que los grupos estén asentados. Por ejemplo, en algunas zonas de pequeños propietarios agrícolas la renta empresarial, que incluye la venta de productos por cuenta del propio productor, será el componente más importante, mientras que en otras zonas, donde la práctica habitual sea obtener ingresos del trabajo como jornalero, aparecerá como importante la remuneración al trabajo. En este caso la diversificación de los componentes sería sólo una expresión de la heterogeneidad ecológica del estrato más pobre de hogares.[6]

Los cambios más importantes observados en

[6] Los resultados de investigaciones empíricas realizadas en zonas rurales del país tienden a apoyar la explicación de la diversificación de las fuentes de ingreso (Arizpe, 1980; Baños, 1989: 233-264).

la composición del ingreso familiar de este estrato entre 1977 y 1984 fueron:

1) Los componentes del ingreso se diversificaron aún más (la remuneración al trabajo fue la fuente más importante en el ingreso familiar pero representó menos del 36 por ciento).

2) Los componentes con mayor reducción en este estrato fueron la renta empresarial (se redujo en un 18.6%; pasó de ser el 30% del ingreso en 1977, a su cuarta parte en 1984) y la remuneración al trabajo (con reducción del 14%). Hay que destacar que los únicos estratos que redujeron su ingreso en el componente de renta empresarial fueron el bajo (el ingreso mensual promedio procedente de esta fuente fue de 359 pesos en 1984) y el medio alto (con 1 572 pesos de renta empresarial); sin embargo, la pérdida relativa fue mayor en el estrato bajo (18.6% *vs.* 14.9%), para el cual en 1977 constituía la segunda fuente en importancia, sólo superada por las remuneraciones. Dado que la vía empresarial de generación de ingresos presentó obstáculos para estos hogares, se vieron obligados a compensar con otras fuentes lo que anteriormente recibían por algún negocio propio, la prestación independiente de algún servicio, las percepciones por maquila (Arias, 1988:540-544; Treviño, 1988: 590 y 591), o la venta de productos agropecuarios (que son las actividades empresariales más probables en este estrato). La reducción en estos componentes puede haber ocurrido si el trabajo, ya sea para un patrón o por cuenta propia, se hizo más difícil de conseguir o si el pago por realizarlo se redujo.

3) Los componentes que compensaron la pérdida sufrida por la remuneración a los trabajadores y la renta empresarial en este estrato fueron: *a*) el ingreso en especie, que pasó a ser el 27% del ingreso; segunda fuente en importancia para estas familias en las que probablemente se restringe al autoconsumo de productos agrícolas, a la imputación de renta por el uso de la vivienda propia y de valor a los bienes producidos y consumidos en el hogar, y a algunos pagos recibidos en especie, y *b*) las transferencias monetarias, en las que este estrato fue el que tuvo el mayor aumento relativo (sin embargo, su nivel fue de 143 pesos en 1984; 10% del ingreso familiar). Parecería que de todos los renglones que comprende esta fuente, a los únicos que efectivamente pueden recurrir las familias del estrato bajo son los subsidios y las remesas o donaciones monetarias procedentes de instituciones o de otros hogares. Quedan descartadas pensiones de cualquier tipo, ya que, según se sabe, estos sectores no están protegidos por el sistema de seguridad social (Cortés, Hernández Laos y Rubalcava, 1990).[7]

[7] En 1984 sólo el 9.0% del personal remunerado (estimado por

Es probable que algunos de los hogares de este estrato reciban envíos de dinero de trabajadores migratorios indocumentados que se ocuparon durante alguna época del año en los Estados Unidos de América[8] (García y Griego y Giner de los Ríos, 1985: 237). Los destinos de estas remesas en México no están distribuidos uniformemente en el territorio, sino que tienden a localizarse en unos poblados y no en otros, dentro de regiones reconocidas como expulsoras de este tipo de trabajadores[9] (García y Griego, 1989: 9; Goldring, 1990: 17). Las transferencias monetarias del estrato bajo, por ser un promedio, ocultan la verdadera importancia que tiene esta fuente de ingreso para los hogares que reciben remesas de sus familiares.

4) La renta de la propiedad fue sólo el 1.5% del ingreso familiar pero pasó de 3 pesos en 1977

Cuentas Nacionales) de la agricultura, ganadería, silvicultura, caza y pesca era asegurado permanente del IMSS; la cifra correspondiente para la construcción fue de 6.1 por ciento.

[8] Se trata de trabajadores mexicanos de 15 años o más, cuya residencia habitual se encuentra en México y quienes según estimaciones trabajan en promedio seis meses del año en Estados Unidos. El contingente de trabajadores que enviaban dinero se estimó en 270 000 en 1984; el monto promedio de dinero que enviaba cada uno al mes (sólo seis meses del año) se calculó en 175 dólares (3 638.70 pesos de 1978), 1.7 salarios mínimos.

[9] Ocho estados de la República Mexicana contribuyen con el 70% del flujo migratorio hacia los Estados Unidos: Baja California, Chihuahua, Durango, Guanajuato, Jalisco, Michoacán, San Luis Potosí y Zacatecas.

a 21 pesos en 1984; tal vez este camino de generación de ingreso se limita al alquiler de tierras, animales o alguna herramienta, si el hogar está asentado en el medio rural, y de cuartos o terrenos si se trata del urbano.

Estrato medio bajo. En 1984 abarcó del cuarto al séptimo deciles de ingreso familiar, o sea al 40% de los hogares (cerca de seis millones de familias), y su participación fue del 27.9% en el ingreso total. El ingreso familiar promedio de este estrato fue de 3 851 pesos mensuales en 1984; un poco menos de dos salarios mínimos.

El hecho de que los estratos bajo y medio bajo en conjunto apenas equiparen su ingreso con el del estrato alto, dicho de otro modo, que siete de sus familias reciban, sumando sus ingresos, lo mismo que obtiene, en promedio, una del estrato más rico, constituye una expresión contundente de la desigualdad económica y social de los hogares mexicanos, que se ve agravada por la mayor intensidad de uso de la fuerza de trabajo en los hogares más pobres.

La última parte de la afirmación anterior pareciera contradecir a los estudios que sostienen una relación directa entre el número de personas ocupadas por familia y el nivel de ingreso (véase, por ejemplo, Solís, 1989: 8), sin embargo hay que notar, en primer lugar, que esta aseveración se basa en datos sincrónicos, es decir, en la relación entre número de ocupados e ingreso, sobre la cual influyen otros factores que se pueden resumir en productividades diferenciales del trabajo. La relación no sólo depende del número de personas sino también de cuánto obtiene cada una por su trabajo, y es claro que esa cantidad, en general, es mayor por cada ocupado en la medida en que se asciende en la estratificación social. Por otra parte, la intensificación en el uso de la fuerza de trabajo familiar como respuesta a la reducción de salarios supone la productividad del trabajo relativamente constante.

Además, esos estudios casi siempre se refieren a los miembros de la familia que trabajan remuneradamente, mientras que nuestro argumento considera el número total de miembros que generaron el ingreso del hogar, sin importar si fue a través de remuneraciones o de cualquier otra fuente (véase la nota 1). El ingreso generado por el mayor esfuerzo productivo de las familias, como defensa de su nivel de consumo, poco tiene que ver con su ascenso en la estratificación del ingreso por deciles.

Por último, esta idea no sólo cuenta con el apoyo de la literatura que reporta la intensificación, a causa de la crisis, en el uso de la fuerza de trabajo disponible en los hogares de escasos recursos, sino también con el de los datos del cuadro 5. En efecto, entre 1977 y 1984 el salario mínimo disminuyó en alrededor del 35%, cifra consistente con la caída de la remuneración al trabajo que muestran los estratos alto y medio alto. Sin embargo, la merma en el salario fue sustancialmente menor para los otros tres estratos, lo que podría deberse al aumento de su participación en el mercado de trabajo.[10]

[10] La fundamentación empírica de esta afirmación requeriría mediciones del número de perceptores en las mismas familias a lo largo del tiempo. Las encuestas de ingresos y gastos no proporcionan esta información.

Sin embargo, podemos apoyarnos en información parcial de un panel levantado por el Instituto Nacional del Consumidor en el área metropolitana de la Ciudad de México que registra, entre otros datos, la evolución del número promedio de perceptores por tipo de hogar en seis momentos, entre junio de 1985 y febrero de 1988.

Tipo de hogar	*Junio de 1985*	*Febrero de 1988*	*Variación (%)*
Formal			
bajo	1.26	1.76	39.68
medio bajo	1.63	2.06	26.38
medio	1.93	1.93	0.00
Informal			
bajo	1.47	1.98	34.69
medio	1.86	1.93	4.32

Fuente: cuadro 4 del trabajo de De Lara Rangel (1990: 43).

Los tipos de hogar se clasificaron en bajo, medio bajo y medio, según su ingreso familiar promedio en junio de 1985. Los hogares cuyos salarios familiares están entre 0.8 y 1.5 salarios mínimos fueron clasificados en el estrato bajo; en el medio bajo los que tienen un ingreso familiar entre 1.5 y 2.5 salarios mínimos, y en el estrato medio los hogares cuyos ingresos familiares fluctuaban

La composición del ingreso de las familias del estrato medio bajo es muy similar a la del siguiente en la escala, el medio, pero se diferencia en los menores niveles que alcanza en cada componente.

Este estrato seguramente agrupa agricultores y trabajadores de servicios tradicionales (comercio y servicios personales), tanto en el medio rural como en el urbano; también incluye hogares de obreros de la construcción, de obreros asalariados no calificados y eventuales de la industria moderna y a buena parte de los asalariados no manuales. A él deben pertenecer también trabajadores de la industria manufacturera de exportación ("maquiladora") que en esos momentos tenían un ingreso menor que el resto de la manufactura.[11] Las ocupaciones asociadas al

---

entre 2.5 y 3.5 salarios mínimos (para De Lara la clase media estaría conformada por estos últimos). Nótese que hay una correspondencia estrecha entre esta estratificación y la que nosotros construimos (véase el cuadro 5). Sin embargo, hay una diferencia sustancial en cuanto a interpretación ya que, como lo veremos en la sección 3.4, para nosotros la clase media estaría fundamentalmente en nuestros estratos medio alto y alto.

Los resultados que muestra este cuadro confirman el aumento en el uso de fuerza de trabajo en los sectores pobres. El valor de esta evidencia debe relativizarse dado que *i*) cubre sólo a la Ciudad de México y *ii*) queda fuera del periodo que se analiza en este trabajo.

[11] En 1984 el salario promedio por hora trabajada en la industria maquiladora fue de 136.9 pesos, mientras que en la industria manufacturera alcanzó la cifra de 234.9 pesos (Presidencia de la República, 1989: 156).

estrato medio bajo son la principal puerta de entrada al mercado de trabajo en México para aquellos que no cuentan con niveles elevados de calificación (Oliveira y Roberts, 1989: 10).

El cambio más importante que muestra el estrato medio bajo en el periodo 1977-1984 fue que se incorporaron a él las familias del séptimo decil que en 1977 formaban parte del estrato medio, junto con los hogares del octavo decil. Cabe preguntarse qué produjo la escisión de este estrato, conformado por hogares que aparentemente tenían condiciones similares para responder a los ajustes. La separación obedeció principalmente a que (véase el cuadro A1.1 del anexo I):

a) El ingreso familiar promedio por remuneraciones al trabajo del séptimo decil en 1984 tuvo una caída relativa mayor que el del octavo y el del noveno (el único decil con reducción mayor que el séptimo en este componente fue el décimo). Como puede verse, aun dentro del sector de asalariados hubo diferencias en el impacto que tuvo la reducción del salario real sobre la remuneración al trabajo. Una diferencia básica, que usaremos más adelante, radica en que los trabajadores estén bajo contrato colectivo.[12]

[12] Los salarios reales de los trabajadores bajo contrato colectivo son más altos que los salarios de los trabajadores del sector no contractual. Por su parte, dentro del sector contractual, los trabajadores que tienen mayor salario medio real corresponden al grupo de jurisdicción federal (apartado A), le sigue la burocracia de

b) Las cantidades procedentes de renta de la propiedad y de transferencias, que eran muy similares en el séptimo y octavo deciles en 1977, claramente sufrieron, en ambos, cambios distintos en el periodo. En la renta de la propiedad fue mucho mayor el aumento relativo del octavo y en las transferencias aumentó casi un 25%, mientras que en el séptimo éstas disminuyeron en 3%; al mismo tiempo, el sexto decil elevó notablemente sus transferencias en dinero.

Por estos rasgos es posible conjeturar que los trabajadores del séptimo decil pertenecían principalmente al sector público como personal de base (con definitividad en la administración pública), ya que sus salarios fuertemente contenidos vía "topes salariales" crecieron más lentamente que los de los demás sectores de la fuerza de trabajo mexicana a partir de 1977 (Zapata, 1987: 17). Aún más, por el hecho de tratarse de un decil de hogares completo, una parte importante debieron ser maestros.[13] La situación eco-

jurisdicción federal (apartado B) y por último el grupo de trabajadores de jurisdicción local. Los trabajadores industriales del sector moderno en su mayoría están sindicalizados y se rigen por el apartado A (Zazueta, 1982: 264, 272-273 y 276).

[13] Hay dos elementos adicionales que apuntalan esta conjetura: *1*) El tabulador salarial del sector público muestra muy poca variabilidad (para mayores detalles respecto a este punto véase la nota 15). *2*) Los trabajadores de la educación son el sector mayoritario dentro de los trabajadores al servicio del Estado. Según datos del Anuario Estadístico del ISSSTE, en 1984 dicho Instituto tenía

nómica de este grupo de asalariados sufrió mayor deterioro debido a la política de ajuste del periodo 1982-1983 que utilizó, entre otras medidas, la contracción del gasto público tanto en inversión como en consumo; esta última se logró a través de una fuerte reducción de los sueldos y salarios reales de los empleados del propio sector público (Lustig y Ros, 1986: 13).

Existen bases para suponer que las transferencias monetarias, casi iguales en valor absoluto en los deciles cuarto al séptimo, se originaron en buena parte en las remesas de los indocumentados residentes en Estados Unidos[14] (García y Griego y Giner de los Ríos, 1985: 237), dirigidas principalmente a hogares de este estrato.

Llama la atención que aunque en este estrato se combinan dos fenómenos que llevarían a elevar el ingreso del hogar, no anulan la pérdida sufrida por la menor remuneración al trabajo. El primero es la inclusión del séptimo decil que produjo alza en el ingreso promedio en todos los

---

cerca de dos millones de "trabajadores y pensionistas", de los cuales casi el 40% (755 442) correspondían a la SEP (Secretaría de Educación Pública); con sus familiares (los afiliados como tales) acumulaban dos y medio millones de personas. En el año de 1987, según la misma fuente, los trabajadores de la SEP llegaban ya al 45% de los afiliados al Instituto (ISSSTE, 1987).

[14] Este efectivo se calculó en 1 044 000 trabajadores en 1984, de los cuales se estima que el 62% enviaba regularmente dinero a México; en promedio 130 dólares mensuales (2 713.35 pesos de 1978).

componentes y el segundo se refiere a las remesas en dólares que seguramente recibieron algunos de los hogares del estrato; en conjunto no contrarrestaron la baja del salario, ni evitaron que la renta de la propiedad sea en este estrato en el que tiene la menor significación el ingreso familiar (en 1984 representó el 1 por ciento).

Estrato medio. Conformado en 1984 solamente por un decil de hogares (un poco menos de un millón y medio de familias), el octavo, con una participación de 12.5% del ingreso total, es el primer estrato con ventaja en la desigualdad. El hecho de que a partir de este punto en la escala cada decil forme un estrato significa que las diferencias en los niveles y composición del ingreso familiar se acentúan en la parte alta de la distribución. Los hogares de este estrato, que son en su mayoría urbanos, obtenían en 1984 un ingreso familiar promedio de tres y cuatro salarios mínimos (6 912 pesos al mes). Tal vez se trate de un estrato con gran heterogeneidad ocupacional que incluye desde trabajadores asalariados no manuales (empleados bancarios, oficinistas y técnicos), obreros asalariados de la industria y empresarios menores (por cuenta propia en el comercio y otros sectores), hasta algunos agricultores prósperos.

Las transformaciones más importantes de los ingresos del estrato medio fueron:

1) Entre 1977 y 1984 perdió la mitad de sus hogares. Las familias del séptimo decil que en 1977 tenían ingresos equiparables a los del octavo (2.00 y 2.62 salarios mínimos respectivamente; véase el cuadro A1.2 del anexo I), en 1984, con dos y media veces el mínimo, se acercan más a las del decil inmediato inferior (con 1.99 salarios mínimos).[15]

2) Su reducción del ingreso familiar, en términos relativos, fue similar a la de los dos estratos más bajos; las familias de este estrato compensaron la pérdida con entradas procedentes de renta de la propiedad y transferencias. Es muy probable que se trate de trabajadores formales, sindicalizados, para quienes las transferencias

[15] Según dice Zapata (1987: 16), "Si observamos el *tabulador salarial del sector público* vigente hasta mayo de 1985 (véase "Avances y conquistas sindicales", FSTSE, 1985), constatamos que el abanico es extremadamente cerrado en su amplitud, ya que el nivel más bajo del mismo no es ni la mitad del más alto. Por otra parte, en relación con el nivel de los salarios mínimos vigentes a la fecha mencionada, el abanico está en el más bajo casi al doble de lo que eran estos salarios, mientras que el más alto se sitúa cerca del nivel de tres salarios mínimos generales en el Distrito Federal. Las características del tabulador que se aplican al personal de planta del sector público, sindicalizado (se excluye tanto al personal de confianza como al personal eventual)...". Como se ve, el salario de los trabajadores de base del sector público fluctuaba entre poco menos de dos y tres salarios mínimos del D.F., por lo que para las familias de estos trabajadores, si no tenían ingresos adicionales, la contracción salarial se tradujo en un descenso desde el estrato medio (3.3 salarios mínimos en promedio) al estrato medio bajo (casi 2 salarios mínimos en promedio).

monetarias son las prestaciones en dinero obtenidas vía contrato colectivo, como sustituto de los aumentos en la remuneración por su trabajo (en este estrato las transferencias también pueden incluir pensiones de la seguridad social e indemnizaciones por despido).

3) En la renta empresarial el estrato medio es el único que muestra un incremento apreciable. Es muy probable que en este estrato queden localizados aquellos hogares para los que el camino del autoempleo y la intensificación del trabajo del jefe o de otros miembros de la familia en alguna ocupación por cuenta propia o en un negocio del grupo doméstico, sí hayan sido viables como defensa ante la crisis (Tarrés, 1990: 80). Por las características de este estrato, seguramente el negocio familiar se relaciona con algún tipo de actividad comercial o de servicio en pequeña escala que se realiza en la propia casa, para lo cual se requiere una inversión inicial de monto no despreciable respecto a los ingresos de los hogares del estrato (Cortés y Benites, 1991). De esta fuente obtenían la quinta parte de su ingreso los hogares del estrato medio en 1984.

4) En el componente de renta de la propiedad el estrato medio tuvo un incremento relativo muy notable que, aunque se debió en mucho al bajo nivel de este ingreso en 1977, lo hizo llegar en términos absolutos a la mitad del ingreso promedio por esta fuente en el estrato siguiente (medio alto), ya que de 8 pesos en 1977 pasó a 139 en 1984; 6% del ingreso familiar. Por tratarse de hogares eminentemente urbanos, este componente puede proceder del alquiler de algún cuarto, local o terreno (Coulomb, 1989: 45).

Estrato medio alto. Este estrato se forma también con una décima parte de los hogares (alrededor de un millón y medio de familias), y su participación en el ingreso total fue de 17.3%. El ingreso familiar promedio ascendió a 9 572 pesos mensuales en 1984, equivalente a cuatro y medio salarios mínimos. Es el estrato en que la remuneración al trabajo es más importante en términos relativos y aunque tuvo una caída del 30% en el periodo, significó el 56% del ingreso familiar (en 1977 era el 65%), por lo cual se puede conjeturar que agrupa a hogares de trabajadores con una condición económica privilegiada dentro del sector formal y a pequeños empresarios (en la industria y el comercio). La composición del ingreso familiar en este estrato es muy parecida a la del medio; lo que los diferencia es el nivel de ingreso.

A este estrato probablemente pertenecen profesionistas (dependientes e independientes), empleados de confianza del gobierno, obreros asalariados estables de la industria moderna (estatal y privada) y empresarios menores.

Los principales cambios en este estrato, respecto de 1977, fueron:

1) Éste fue uno de los únicos dos estratos con reducción en el componente de renta empresarial (el otro fue el bajo), segunda fuente en importancia en su ingreso familiar en 1984 (1 572 pesos; el 16.4%). En los hogares de este estrato, esto pudo deberse simplemente a que se redujo el ingreso procedente del desarrollo de actividades en forma independiente, pero también a que quienes las venían desempeñando tuvieron que abandonarlas.

2) Las transferencias monetarias y la renta de la propiedad también sirvieron en este estrato como intento de vías compensatorias; sin embargo, en conjunto su contribución en la conformación del ingreso familiar fue menor al 10 por ciento.[16]

[16] Los estudios de las migraciones México-Estados Unidos han puesto el acento en los flujos que se originan en las zonas campesinas y en el México rural. Sin embargo, también tiene lugar un flujo, que sin ser tan numeroso, no deja de tener importancia. Según Cornelius (1988: 9, 11), "La crisis económica de los ochenta ha estimulado el ingreso a la corriente migratoria de gente procedente de familias y comunidades que carecen de larga tradición en la migración con destino a los Estados Unidos... El aumento en la importancia de los migrantes mexicanos de origen urbano a California y a otras partes de Estados Unidos se refleja en su experiencia ocupacional anterior a la migración".

La investigación etnográfica realizada por Hondagneu-Sotelo (1990) en la zona metropolitana de San Francisco, California (en una pequeña ciudad de alrededor de 65 000 habitantes, de los cuales cerca de la tercera parte son mexicanos o centroamericanos), con 26 grupos domésticos de indocumentados de origen mexicano que tenían, en 1986, al menos tres años de residencia en el país,

Estrato alto. A este estrato pertenecen el 10% de hogares (poco menos de un millón y medio de familias) que obtienen mayor ventaja de la desigualdad en la distribución del ingreso en México; les correspondió casi el 35% del ingreso total en 1984. El ingreso promedio de estas familias fue de 19 120 pesos al mes, alrededor de nueve salarios mínimos. Esto quiere decir que cada

---

encuentra que: *i*) las seis familias que migraron completas lo hicieron a partir de 1976, al igual que 11 de las 13 personas que migraron solteras. A éstas hay que sumar 3 familias en las que primero emigró el esposo y luego la esposa; *ii*) en México, los ingresos de estos grupos procedían de fuentes variadas que combinaban: *trabajo asalariado* (empleados y obreros), *renta empresarial* (pequeños comerciantes establecidos, pequeños industriales, elaboración de productos en el hogar para la venta y prestación de servicios en calidad de independientes), *renta de la propiedad* (desde subarriendo de cuartos hasta el caso del propietario de un edificio de departamentos en el Distrito Federal), *transferencias monetarias*, originadas en las remesas que recibían las familias en el periodo en que sólo el marido se encontraba en el exterior (el lapso de separación de los cónyuges se acortó de alrededor de 10 años en la década de los cincuenta a más o menos dos años después de 1976; se encontró también el caso de un jubilado cuya pensión era totalmente insuficiente para el sostenimiento del hogar en México), y el *ingreso en especie*, debido sobre todo a la imputación por renta de vivienda propia y el ahorro por compartir la vivienda de algún familiar; *iii*) al momento de la entrevista, 17 de las mujeres adultas trabajaban o habían trabajado en el servicio doméstico en Estados Unidos, y los hombres se dedicaban a trabajos manuales tales como jardinero, lavaplatos, cuidador de establos, etcétera.

Los criterios de selección de casos dejaron fuera a los migrantes que llegaron después de 1982. Sin embargo, la investigadora observó que estos hogares cobijaban (generalmente en el garaje) una cantidad apreciable de familiares o amigos recién llegados.

grupo familiar del estrato alto obtiene el doble del ingreso de una familia del decil anterior (estrato medio alto) y veinticinco veces el ingreso de una familia del decil más pobre del país (véase el cuadro 4). Al estrato alto pertenecen empleadores, gerentes y profesionales y técnicos de alto nivel (independientes y dependientes).

Sus cambios más importantes entre 1977 y 1984 fueron:

1) Los hogares del estrato alto fueron los más afectados, en términos relativos, por la baja generalizada del ingreso por remuneración al trabajo, que es su fuente principal de ingreso debido al peso que tienen en este estrato los asalariados no manuales de alto nivel, componente en que tuvieron una reducción del 35%. El ingreso por esta fuente fue de 9 345 pesos y representó un poco menos de la mitad del ingreso familiar; casi cuatro y medio salarios mínimos (ingreso familiar total de los hogares del estrato anterior).

2) La renta empresarial representó para los hogares del estrato una fuente que logró contrarrestar la reducción general de ingresos en el periodo, ya que aunque su aumento relativo fue menor que en el estrato medio, sus niveles de ingreso por este concepto más que triplican a los de aquél. Esta fuente es la segunda en importancia para las familias del estrato, ya que representó la cuarta parte del ingreso familiar en 1984

(4 640 pesos al mes). La renta empresarial debe proceder tanto de las actividades generadoras de este tipo de ingresos en los otros estratos como de algunas propias de los hogares de altos ingresos como son las percepciones netas de los empleadores (ganancias de los propietarios del capital) y la prestación de servicios profesionales en forma independiente o asociada.

3) Los hogares del estrato alto fueron los únicos que disminuyeron el componente de transferencias monetarias entre 1977 y 1984. Esto se explica porque fueron los que más pagaron a la administración pública por impuestos prediales (aumentaron por la actualización de los valores catastrales), pasaportes, tenencias de automóviles, licencias de manejo y otros servicios similares, cuyas tarifas tuvieron alzas importantes en el periodo (Martínez, 1989: 82).

Todo lo anterior expresa que los hogares recurren a prácticas que les permiten generar el ingreso del grupo familiar y que estas prácticas son de naturaleza muy diversa y presentan modalidades que varían de acuerdo con el estrato social y el entorno geográfico. Los hogares afectados por la desvaloración del trabajo, tanto en su forma asalariada como independiente, que caracterizó al periodo 1977-1984, si no contaban con bienes u otro tipo de apoyos que les permitieran compensar la pérdida sufrida, se vieron ante dos caminos posibles, que bien pudieron ser complementarios: intensificar la explotación de la fuerza de trabajo de la familia y operar fuera del sector formal.

3.4 *Estratos y costo social del ajuste*

Con el panorama que brinda el detalle de los principales cambios en la distribución del ingreso por estratos, aparecen algunas regularidades que merecen análisis un poco más profundo.

La información del cuadro 5 muestra que la reducción del ingreso familiar presenta un claro punto de corte. En los tres estratos más bajos (estratos bajos) varía entre el 4 y el 7%, mientras que en los dos más altos (estratos altos) es de cerca de un 20%. A continuación nos proponemos rastrear los cambios que subyacen a esta dicotomía.

Desde el punto de vista cuantitativo, la parte más importante de la explicación al porqué de la dicotomía, está en la relación inversa entre el porcentaje de la reducción en la remuneración al trabajo y el nivel de este componente (más ingreso por remuneración significó mayor disminución porcentual).

El salario mínimo en términos reales cayó un 35% en el periodo; sin embargo, la reducción de las remuneraciones al trabajo en los estratos bajo y medio bajo fue del orden del 14% y asciende sistemáticamente hasta alcanzar el 35% en el estrato alto.

La relación expresa estrategias distintas: los hogares más modestos neutralizaron parcialmente la medida de ajuste a través de mayor venta de fuerza de trabajo. Algunos de los que ya percibían salario intensificaron sus jornadas y además enviaron al mercado laboral a las mujeres (Oliveira y García, 1990; García y Oliveira, 1990), a los jóvenes y hasta a los niños dependiendo del tamaño de la familia, de su composición por sexos, de la etapa del ciclo doméstico, del tipo de familia, de las oportunidades que les brinda el entorno (Nolasco, 1989: 13-15), de las normas culturales que regulan las relaciones entre los sexos y la división sexual del trabajo, etc. El producto del trabajo de esta fuerza laboral subremunerada (en relación con los hombres) constituyó una ayuda fundamental para satisfacer las necesidades básicas del grupo doméstico.

En los estratos medio alto y alto, la caída de la remuneración al trabajo fue de magnitud similar a la disminución de los salarios mínimos, lo que podría indicar que estos grupos sociales no siguieron masivamente la estrategia de aumentar su fuerza de trabajo asalariada.[17] Algunos estu-

[17] Véase en el cuadro de la nota 10, la escasa variación en el número de perceptores que experimentaron los hogares de tipo medio (formal e informal) entre junio de 1985 y febrero de 1988 (0.00 y 4.32% respectivamente).

dios sobre clases medias sugieren que absorbieron la caída de salarios reales a través del recurso a un segundo empleo; mediante inversiones financieras, bancarias y en bienes raíces (Tarrés, 1990: 80); reajustando el patrón de consumo y llevando a cabo actividades informales de producción doméstica para la venta (De Lara Rangel, 1990: 32), o bien emigrando a los Estados Unidos (Cornelius, 1988: 9, 11; Hondagneu, 1990).[18] El comportamiento distinto respecto de los estratos inferiores probablemente se debe a su mayor holgura para absorber la disminución de salarios reales sin que se afecte su consumo esencial.

Otra parte que permite entender la diferencia en la reducción del ingreso familiar total entre los estratos son las transferencias monetarias.

En los estratos bajos la merma del salario real no sólo fue contrarrestada por mayor laboriosi-

[18] No hay estudios globales que identifiquen las estrategias que han seguido las familias de los diferentes estratos sociales para contener la caída de los salarios reales; en cambio, son muchos los trabajos parciales.

El escaso número de investigaciones referidas a las estrategias de las clases medias contrasta con la abundancia de estudios sobre los sectores populares. La limitada cobertura geográfica de estos últimos se contrapesa con la diversidad de estudios locales que arrojan resultados similares. Hay que hacer notar que una de las citas cubrió familias de clase media del área metropolitana de la Ciudad de México (De Lara) y otra consideró familias residentes de Ciudad Satélite, colonia del Estado de México (Tarrés), también perteneciente al área metropolitana.

dad de los miembros de sus familias (con todos los costos presentes y futuros que entrañan las estrategias adoptadas) sino también por el dinero que recibieron en forma de transferencias. Los estratos bajos tuvieron un incremento sustantivo en estos flujos, en comparación con el medio alto que tuvo un aumento menor y el alto que experimentó un descenso.

Las cifras muestran que, en el periodo, esta fuente tuvo un aumento irrefutable. Cabe recordar que las transferencias monetarias incluyen percepciones que reciben los hogares y que no constituyen un pago por trabajo realizado ni por la posesión de activos, y engloban: indemnizaciones, jubilaciones, pensiones y regalos o donativos, originados dentro o fuera del país. Además, sabemos que la población rural del país está casi totalmente incluida en los estratos bajo y medio bajo y que el sistema de seguridad social tiene escasa cobertura rural. Estos antecedentes apoyan la conjetura de que las transferencias que reciben estos hogares proceden, en su mayor parte, de remesas, tanto del país como del extranjero.

Otra de las estrategias que utilizan los hogares rurales es la salida de algunos de sus miembros (migraciones rurales). Los envíos de dinero son lazos económicos que unen a familias geográficamente dispersas. La contracción de los mercados de trabajo (tanto en tamaño como en remuneraciones) de los centros urbanos nacionales que otrora atraían a los migrantes rurales, junto con las estimaciones e información fragmentaria sobre el aumento de las migraciones internacionales, permiten suponer que una parte no despreciable del incremento en las transferencias monetarias se originó en el aumento del volumen de migrantes a los Estados Unidos y se reforzó por la subvaluación del peso.

Las transferencias monetarias del estrato medio probablemente tienen escasa relación con las remesas desde los Estados Unidos; más bien parecen reflejar la estrategia laboral de conseguir dinero en prestaciones para eludir los topes salariales. Cuando los pliegos petitorios se enfrentan a una posición rígida en materia de remuneraciones, ha sido posible obtener, según las capacidades de negociación, subsidios para transporte, para despensa y para útiles escolares, bonificaciones especiales y un sinnúmero de prestaciones que las encuestas de ingresos y gastos contabilizan como transferencias.

El cambio de este componente en los dos estratos más altos operó acercándolos entre sí y a los estratos inferiores. Ya hemos señalado que el leve aumento en el estrato medio alto, parece provenir también de prestaciones. En el estrato alto tuvo lugar una marcada reducción por sus pagos a la administración pública.

Veamos algunas derivaciones que surgen de la dicotomía presentada:

i) Si utilizáramos el criterio de dos salarios mínimos de 1977 para medir la línea de pobreza (Solís, 1989: 6), llegaríamos a la triste conclusión de que habría que calificar como "pobres" a poco menos de un 80% de los hogares de México, es decir a casi la totalidad de los tres estratos más bajos. Con el criterio de la "canasta normativa de satisfactores esenciales", Hernández Laos (marzo de 1989: 34-36) establece que en 1977, 59.3% de los hogares de México estaban en condiciones de pobreza (con nivel de consumo por hogar inferior a la canasta) y el 34.2% en condiciones de pobreza extrema (con niveles de consumo por hogar inferiores al 60% de la canasta). Cualquiera que sea el criterio para fijar el límite de la pobreza es claro que el estudio del impacto de la crisis sobre las clases medias debe enfocarse en los estratos superiores. Más adelante retomaremos este punto.

ii) Un tema recurrente, a raíz de la aplicación de la política de ajuste, ha sido la preocupación por identificar a los grupos sociales que han pagado el llamado "costo del ajuste".

Si se observa globalmente a través de la dicotomía de estratos, se podría concluir que lo pagaron los grupos sociales de los estratos altos (entre ellos, las clases medias). Sin embargo, creemos haber mostrado suficiente evidencia para calificar a esta respuesta como superficial, ya que no hace justicia a la complejidad de los procesos que se desencadenaron por la política de ajuste. Ante la reducción generalizada de los ingresos de los hogares, los estratos bajos perdieron menos debido a que reaccionaron masivamente aumentando el uso de su fuerza de trabajo disponible.

Al estrato bajo, la diversificación de su ingreso lo hace poco sensible a la contracción salarial (una reducción del 35% en el salario mínimo sólo repercute sobre el 39% de su ingreso familiar, mientras que en los otros grupos sociales lo hace por lo menos sobre el 58%), misma que tampoco tiene un efecto directo sobre las transferencias, especialmente si son envíos en dinero desde el exterior. Los esfuerzos que desplegaron y que quedan asentados en el aumento de las transferencias y en la caída relativamente leve de la remuneración al trabajo, fueron contrarrestados por una importante disminución relativa en los "ingresos netos de negocios agropecuarios", que se contabilizan como renta empresarial (Mestries, 1990: 18-20).

iii) Por otra parte, es un lugar común afirmar que el costo lo pagaron las clases medias.

Los ingresos promedio de los estratos alto y medio alto, las fuentes que los componen y los cambios que experimentaron en el periodo, llevan a concluir que el grueso de los sectores medios se encontraría precisamente en estos estratos. Ya se había señalado que si se pretende evaluar la significación del ajuste sobre la economía de las clases medias, debemos centrarnos en ellos.

El estrato medio alto que comprende a trabajadores estables del sector formal, profesionistas, empleados de confianza del gobierno y pequeños y medianos empresarios y comerciantes, no sólo experimentó una caída en sus remuneraciones al trabajo un poco menor a la reducción del salario mínimo sino que también descendió de manera apreciable su renta empresarial. Probablemente, la composición del ingreso familiar de este estrato refleja el impacto de dos procesos distintos desencadenados por la política de ajuste: *a*) la disminución de los salarios reales de los profesionistas asalariados y de la burocracia estatal, suavizada por la caída menor de los salarios de los obreros en la industria moderna, y *b*) las consecuencias devastadoras que tuvo la reducción del mercado interno sobre las pequeñas y medianas empresas. Estos efectos fueron parcialmente contrarrestados por el aumento de las transferencias que, como ya se señaló, se originaron en la respuesta de los trabajadores a los topes salariales.

En el estrato alto, el ingreso total de empleadores, gerentes, profesionales y técnicos de alto nivel, sufrió la mayor contracción en relación con todos los otros sectores de la sociedad. Los movimientos en las cifras de las distintas fuentes muestran que la reducción de los ingresos del estrato se debe casi en su totalidad a la remuneración al trabajo, ya que la renta de los grandes empresarios prácticamente no se alteró. A su vez, la renta de la propiedad muestra valores significativos y un alza importante. En suma, las familias de los asalariados de este estrato perdieron una parte sustancial del ingreso que tenían en 1977, mientras que las familias que generaron renta empresarial mantuvieron sus entradas y las que produjeron renta de la propiedad tuvieron aumentos importantes.

iv) El nivel de agregación de los datos por deciles de hogares impide separar, especialmente en el décimo decil (estrato alto), a la burguesía industrial, financiera y comercial, de lo que serían propiamente los sectores medios. Sin embargo, la composición del ingreso de sus hogares y sus cambios entre 1977 y 1984, hacen sospechar que fueron más "productivas" las inversiones financieras que las orientadas específicamente a la producción de bienes y servicios.

Precisar inequívocamente cuáles fueron los grupos sociales que pagaron el costo del ajuste es imposible a través de la información que tenemos (o de cualquier otro tipo de información agregada). No se puede identificar a las fuerzas subyacentes porque los datos son una resultante.[19] La política de ajuste tiende a com-

[19] El término "identificar" lo usamos con el sentido que tiene

primir los ingresos de la mayor parte de los sectores sociales y en sentido opuesto actúa la reacción diferencial de los grupos domésticos.

Si nos empeñáramos en discernir cómo se ha distribuido el costo del ajuste entre los grupos sociales, necesitaríamos datos de un panel de representación nacional. Descartada esta opción por razones obvias, todavía queda la posibilidad de analizar los microdatos de las encuestas de ingresos y gastos, con técnicas estadísticas multivariadas para controlar el efecto de, por ejemplo, la tasa de utilización de la fuerza de trabajo familiar, sus diferencias por sexo y edad, la distribución geográfica de los hogares, la dispersión de las fuentes de ingreso, el papel de las migraciones, etcétera.

En el mejor de los casos esta aproximación sólo permitiría un acercamiento a la forma como se han distribuido los costos económicos del ajuste. Restaría valorar las consecuencias sociales sobre las familias. Sólo por citar algunos de los efectos que empiezan a estudiarse: el debilitamiento de los lazos familiares, el conflicto conyugal, la degradación de la salud y de la educación de los hijos, los daños psicológicos y psicosociales, la desestructuración cultural, fricciones entre grupos, etc. Mención aparte mere-

---

en econometría (Fisher, 1966: 1-31). Con ello se quiere aludir a las complejidades en la estimación.

cen las relaciones entre crisis económica, medidas de ajuste y actividades al margen de la ley.

Dadas estas complejidades nuestra conclusión, con la información disponible, es que no es posible responder con seriedad a la pregunta: ¿Quién ha pagado el costo social del ajuste?

IV. LA DESIGUALDAD EN LA DISTRIBUCIÓN DEL INGRESO FAMILIAR ENTRE LOS ESTRATOS Y SU CAMBIO EN EL PERIODO 1977-1984

La mayor pérdida de ingresos de los estratos altos en relación con los bajos, se traduce en una disminución de la desigualdad en la distribución del ingreso.

Con la imagen de los cambios en la composición y en el nivel del ingreso familiar volvemos al análisis de la desigualdad, pero esta vez en los estratos que presentamos en la sección anterior.

La matriz de varianzas y covarianzas en 1977 se presenta en el cuadro 8.

La varianza total (suma de todos los valores del cuadro) es 42.290, levemente inferior al valor que obtuvimos al realizar el cálculo con deciles (42.792; compárese con el cuadro 1).

Para los datos de 1984 los resultados fueron los que aparecen en el cuadro 9.

La varianza total fue de 26.635 contra el 26.981 que habíamos obtenido para los deciles (compárese con el cuadro 2).

CUADRO 8

Grado de desigualdad por fuentes del ingreso familiar, 1977

(Varianzas y covarianzas calculadas por estratos)

	Remuneración al trabajo	*Renta empresarial*	*Renta de la propiedad*	*Transferencias monetarias*	*Ingreso en especie*
Remuneración al trabajo	16.466	9.572	0.964	2.149	7.088
Renta empresarial		1.497	0.306	0.631	2.080
Renta de la propiedad			0.018	0.065	0.213
Transferencias monetarias				0.071	0.464
Ingreso en especie					0.765

CUADRO 9

Grado de desigualdad por fuentes del ingreso familiar, 1984

(Varianzas y covarianzas calculadas por estratos)

	Remuneración al trabajo	*Renta empresarial*	*Renta de la propiedad*	*Transferencias monetarias*	*Ingreso en especie*
Remuneración al trabajo	6.832	6.143	1.424	1.038	4.538
Renta empresarial		1.483	0.702	0.464	2.184
Renta de la propiedad			0.085	0.103	0.496
Transferencias monetarias				0.041	0.341
Ingreso en especie					0.761

CUADRO 10

Cambios en el grado de desigualdad por fuentes, 1984-1977

(Diferencias de varianzas y covarianzas calculadas por estratos)

	Remuneración al trabajo	*Renta empresarial*	*Renta de la propiedad*	*Transferencias monetarias*	*Ingreso en especie*
Remuneración al trabajo	−9.635	−3.429	0.459	−1.110	−2.550
Renta empresarial		0.046	0.396	−0.167	0.104
Renta de la propiedad			0.067	0.037	0.283
Transferencias monetarias				−0.030	−0.123
Ingreso en especie					−0.005

La diferencia, casilla a casilla, de estos dos cuadros aparece en el cuadro 10.

La suma total de los componentes del cambio de la varianza es −15.656, casi igual a la que habíamos obtenido en el cuadro 3 (15.811). En consonancia con el análisis realizado en el apartado 3.4, el cambio más importante es la disminución de la desigualdad en la remuneración al trabajo, y en las relaciones que presenta con la renta empresarial, las transferencias y el ingreso en especie.

La simple inspección de las casillas de los cuadros 3 y 10 muestra que los valores son básicamente los mismos. Esto quiere decir que el análisis de conglomerados fue exitoso: se agruparon los deciles en estratos, y se perdió un mínimo de información. Desde el punto de vista estadístico es precisamente el resultado que se espera de este tipo de análisis de variables múltiples, pero llama la atención el desequilibrio en los tamaños (número de deciles que agrupan) de los estratos resultantes.

En efecto, en 1984 el primer estrato incluye los primeros tres deciles; el segundo, del cuarto al séptimo, y los tres restantes conformaron un estrato cada uno. Están constituidos por familias cuyo ingreso total y sus componentes se modificaron más o menos de la misma manera. No son estratos en abstracto sino lo son en tanto los deciles que los forman comparten más o menos de igual manera las consecuencias de la política de ajuste.

Los datos del cuadro 10 indican que entre 1977 y 1984 tuvo lugar una marcada tendencia hacia una distribución más equitativa en la remuneración al trabajo (−9.635). Sin embargo, esto no debe llevar a concluir que las familias cuyo ingreso total depende en gran medida de los salarios, estaban mejor en 1984 que en 1977. Por el contrario, si se recuerda que en ese periodo los salarios reales disminuyeron sistemáticamente, se dibuja entonces, más bien, una imagen de igualdad combinada con mayor pobreza.[1] La desigualdad entre los asalariados es menor pero son más pobres.

La investigación de campo en México documenta que ante la caída del salario real hubo hogares que respondieron no sólo intensificando la jornada de trabajo del jefe sino también a través de la venta del trabajo de jóvenes y niños que en otras circunstancias estarían en la escuela y de la incorporación de mujeres al mercado de trabajo.[2] (González de la Rocha, 1988; Oliveira,

[1] La misma conclusión se obtuvo en un trabajo anterior en que se analizaron datos del IMSS sobre cotizantes en el periodo 1982-1986 (Cortés, Hernández Laos y Rubalcava, 1990).

[2] Las encuestas de ingresos y gastos registran sólo el efecto del trabajo de la mujer en la economía del hogar; por ello, con esta información no es posible apreciar sus impactos colaterales. Algunos estudios muestran el deterioro en la salud de mujeres que trabajan en la industria maquiladora de exportación y las repercu-

1988; Selby, 1988; De Barbieri, 1989; Tarrés, 1990.)

Esta estrategia contrarrestó parcialmente la disminución del salario (véase el cuadro 5) e indujo mayor equidad en este componente. El efecto igualador que tuvo sobre la distribución del ingreso concuerda con los resultados obtenidos para Israel (Gronau, 1982: 132-133) y para Hong Kong (Pong, 1990). Los hallazgos de estas investigaciones surgieron de situaciones en que la incorporación de las mujeres al trabajo obedeció al aumento de sus niveles de escolaridad y, en el caso de Hong Kong, se produjo además con ingreso creciente de los hombres jefes de hogar (parejas de las trabajadoras).[3]

El aumento en la concentración de la renta

---

siones sobre sus hijos recién nacidos (Denman, 1988, 1990). Por otra parte, los primeros resultados de investigaciones en desarrollo reportan aumento en el conflicto marital con el consiguiente descuido de los hijos menores (Bronfman, no publicado).

[3] Si bien los resultados apuntan en la misma dirección, no son estrictamente comparables *i*) porque aquellos estudios analizan microdatos; *ii*) sólo consideran la remuneración al trabajo, y *iii*) la participación laboral de la mujer no se produce como reacción a la caída del salario del esposo.

El efecto igualador de la incorporación de la esposa al mercado de trabajo no es automático, sino que depende de la diferencia entre la correlación de los ingresos de la esposa y del resto de los miembros del hogar, y la razón entre la desviación estándar del ingreso de las mujeres y la del ingreso de los demás perceptores del hogar.

Desde el punto de vista técnico podría utilizarse la misma aproximación para examinar el impacto del trabajo infantil.

empresarial (0.046) y su menor correlación con la remuneración al trabajo en 1984 que en 1977 (–3.429), son consistentes con el crecimiento de la economía informal[4] y con un modelo de desarrollo que "depura" la actividad productiva de las empresas no competitivas (Alonso, 1988; Arias, 1988; Escobar y González de la Rocha, 1988; Treviño, 1988; Rendón y Salas, 1989: 22-24).

El avance de la economía subterránea conlleva una disminución de los valores inferiores de la renta empresarial[5] que, combinada con la caída que experimentó en este mismo componente el estrato medio alto (recuérdese que en este estrato están la mayor parte de los empresarios menores y algunos trabajadores independientes del comercio y otras actividades), conducen a una polarización de la renta empresarial (mayor varianza en 1984 que en 1977).

Por otra parte, la remuneración al trabajo experimentó una fuerte disminución en los dos estratos superiores, pero el medio alto sufrió a la vez una caída en la renta empresarial que empujó el punto fuera de la línea de tendencia (véanse las gráficas G-1 y G-2, del anexo I).

En 1984 las familias del estrato medio alto,

[4] En la introducción se documentó el apoyo empírico de esta afirmación con base en la bibliografía pertinente.

[5] Rendón y Salas (1990: 7) ponen en evidencia la proliferación de establecimientos pequeños en la manufactura, el comercio y los servicios a partir de 1980.

que agrupa profesionistas, técnicos, empleados del gobierno, obreros asalariados de la industria moderna y empresarios menores del comercio y de los servicios, contaban con un ingreso familiar de alrededor de cuatro y medio salarios mínimos; percibían la mayor renta empresarial después del estrato alto y, según sabemos, en términos absolutos sufrieron, en este componente, la mayor caída en el periodo (véase el cuadro 5). La disminución de los salarios reales afectó la remuneración al trabajo y por su parte la "depuración" de las empresas por el mercado parece que sólo dejó intactos a los grandes empresarios. La reducción de la renta empresarial y de la remuneración al trabajo hace que caiga su covariación en relación con 1977 (véanse las gráficas G-1 y G-2, del anexo I).

El aumento de la covariación entre las remuneraciones al trabajo y las transferencias monetarias se produce en el contexto de un aumento generalizado de las transferencias en el periodo (excepto en el estrato alto, que tuvo un retraimiento) y de una disminución de los ingresos salariales que afectó a todos los estratos. Las intensidades de las transferencias fueron distintas: porcentualmente las alzas más fuertes se dieron en los estratos bajo y medio, y las más débiles en el medio bajo y en el medio alto.

La caída de la correlación se debió a que, por una parte, se alejó de la línea el estrato medio alto (véanse las gráficas G-1 y G-2, del anexo I): en las transferencias monetarias subió un porcentaje consonante con los estratos vecinos, pero su remuneración al trabajo disminuyó en mayor proporción, y, por otra, bajaron las remuneraciones al trabajo y las transferencias del estrato alto.

Los asalariados de los estratos alto y medio alto (profesionistas, técnicos, obreros asalariados de la industria moderna y empleados del gobierno) fueron objeto de una radical reducción de sus salarios entre 1977 y 1984. A su vez, como ya se señaló en la sección anterior, el estrato de ingresos más altos sufrió en 1984 una merma en las transferencias que se explica en gran medida por la actualización de los precios de los servicios gubernamentales (impuesto predial, trámites burocráticos, certificación, tenencias de automóviles, etcétera).

Bajo el supuesto de que los deciles recibieron un ingreso en especie de la misma magnitud en 1977 y en 1984, la mayor relación con la remuneración al trabajo sólo refleja la disminución salarial que afectó con mayor intensidad a los estratos superiores.

Si hubiésemos usado los datos de Lydall, aun cuando el cuadro general no cambiaría, habríamos observado que el ingreso en especie es mayor en todos los estratos en 1984 que en 1977, aunque el alza fue proporcionalmente mayor en el alto y en el medio alto, a la vez que éstos disminuyeron acentuadamente sus entradas por el pago al trabajo. Estos movimientos desplazan las coordenadas de los estratos y los alinean sobre una recta aumentando su covariación.[6]

La debilidad de la estimación del ingreso en especie en 1977 inhibe incorporar a la explicación el papel que desempeña la valoración del uso de la vivienda propia o prestada en las zonas rurales y en las colonias populares urbanas[7] (Rubalcava y Schteingart, 1986 y 1987), de los bienes

[6] Si se usaran los datos de Lydall se tendrían los siguientes resultados (compárense con los del cuadro 10):

Cambios en el grado de desigualdad por fuentes, 1984-1977
(Diferencias de varianzas y covarianzas calculadas por estratos)

	Remuneración al trabajo	*Renta empresarial*	*Renta de la propiedad*	*Transferencias monetarias*	*Ingreso en especie*
Remuneración al trabajo	−9.635	−3.429	0.459	−1.110	−1.002
Renta empresarial		0.046	0.396	−0.167	0.477
Renta de la propiedad			0.067	0.037	0.307
Transferencias monetarias				−0.030	−0.027
Ingreso en especie					−0.244

con el cambio en la varianza total igual a −13.383. Para mayores detalles véase el cuadro A2.2, del anexo I.

[7] Los instrumentos que captan información sobre la tenencia de la vivienda no registran la situación legal de la posesión, lo que explica que la proporción de viviendas propias en el medio urbano

y servicios recibidos como regalos o donativos (Bolaños, 1986; Lomnitz, 1975), la estrategia de los sectores asalariados de negociar pago en especie ante los topes en los reajustes salariales y el aumento en la producción doméstica de autoconsumo para sustituir mercancías.

Las leves tendencias hacia una mayor concentración en la renta de la propiedad que muestra el cuadro 10 y hacia una mayor correlación con el pago al trabajo son consistentes con procesos ya documentados:

> A pesar de la incursión gradual de los grandes inversionistas, la mayoría de los "casatenientes" no son capitalistas. La creación de cuartos para rentar es un proceso doméstico; las rentas que se cobran constituyen una fuente adicional, regular, de ingreso para combatir la inflación, la caída en los salarios reales y el desempleo. Ese ingreso adicional también puede constituir una ayuda para pagar la casa y cubrir a la vez las mejoras y los costos crecientes por impuestos, infraestructura y servicios (Coulomb, 1989: 45).

Los sectores más pobres de la sociedad encaran la reducción de sus ingresos echando mano

---

sea muy alta en las zonas marginales. En el medio rural es también la forma de tenencia más frecuente. Por lo anterior puede decirse que en general la proporción de viviendas propias crece a medida que las zonas son más deprimidas. Como ejemplo, véase el cuadro A5.2, del anexo I.

de todos los bienes que poseen: rentan cuartos, terrenos y casas en los sectores populares urbanos, y en los rurales desde animales y medios de producción hasta surcos o parcelas completas. Los estratos altos especulan en la bolsa y con el precio de las divisas. Estos orígenes diferenciales de la renta de la propiedad "estiran" la distribución por sus extremos aumentando la varianza.

La mayor relación entre la renta empresarial y la renta de la propiedad se debe a que los estratos medios (medio alto, medio y medio bajo) combinaban en 1984 (y no en 1977) ambos tipos de ingreso para conformar el total de sus entradas, a la vez que el estrato alto aumentó significativamente la renta de la propiedad y *mantuvo relativamente constante su renta empresarial*, acercándose a la línea de los demás estratos (véanse las gráficas G-1 y G-2, del anexo I). La combinación de movimientos hace que la relación sea más estrecha en 1984 que en 1977.

Estos resultados estadísticos podrían expresar, en los valores inferiores de la renta de la propiedad, el hecho de que los obreros asalariados (no calificados y eventuales), los trabajadores autónomos en servicios menores y empleados domésticos y los asalariados no manuales (entre ellos los maestros), generan complementos a sus ingresos en función de los recursos que poseen: una misma familia puede utilizar más intensivamente la fuerza de trabajo familiar emprendiendo nuevas actividades (desde la maquila en sus casas o producción de algún bien para venderlo, hasta montar un pequeño taller o comercio) y rentar un cuarto o un pedazo de su terreno; o algunas familias de estos grupos rentan, y otras producen o comercian; o algunas rentan y otras llevan a cabo producción doméstica con fines comerciales, con la cual generan una renta empresarial que se suma a la de los trabajadores autónomos en servicios menores.

En los valores superiores expresan los flujos monetarios de los rentistas y grandes empresarios así como el producto de la especulación financiera en los hogares económicamente privilegiados de la sociedad.[8] Hay que remarcar que en las gráficas G-1 y G-2, del anexo I, así como en los datos que se mostraron en la sección precedente, se ve con claridad que entre ambos años la renta empresarial no se modificó sensiblemente en términos reales, por lo que refleja el inicio de un periodo que se caracteriza por una mayor rentabilidad en la especulación que en la

[8] La inflación medida por el Índice Nacional de Precios al Consumidor fue de 80.8% en 1983 con respecto a 1982 y de 59.2% en 1984 en relación con 1983. El Índice de Precios y Cotizaciones en la bolsa tuvo un aumento de 262.5% en 1983 en relación con 1982 y de 64.7% en 1984 respecto a 1983. La especulación con dólares rindió excelentes frutos en 1983; el tipo de cambio promedio se elevó en 109.2% en 1983 respecto a 1982; no así en 1984 que sólo aumentó en un 23.2%. Estos cálculos se hicieron con los datos de la Presidencia de la República (1989: 55, 65 y 69).

producción. Martínez (1989: 63-73) analiza en la sección correspondiente a rentas financieras la evolución de varios indicadores[9] y concluye:

> Aunque la Constitución protege a todos los mexicanos, y en forma destacada a la clase trabajadora, las medidas específicas en materia económica se han dirigido a privilegiar especialmente a la clase financiera. Pues al seguir una política de altas tasas de interés, las autoridades monetarias propician la especulación y perjudican a los sectores productivos, en especial a la pequeña y mediana industrias, que representan una elevada proporción de la estructura industrial y comercial (Martínez, 1989: 70).

[9] La relación entre el consumo básico y el salario mínimo, el índice de precios, la tasa de inflación, las tasas de interés, los índices de rendimiento del capital, la relación entre intereses generados y el PIB, y el rendimiento de diferentes instrumentos de inversión.

V. CONCLUSIONES

Los salarios reales aumentaron tendencialmente desde los primeros años de los cincuenta hasta 1976, fecha en que alcanzaron su valor máximo (Bortz, 1985: 49 y 90-110). En el mismo periodo la participación de la remuneración a asalariados en el producto interno bruto muestra también un alza sostenida (Martínez, 1989: 27). A su vez los índices de Gini registraron una caída en la desigualdad en la distribución del ingreso: 0.606 en 1963, 0.586 en 1968 y 0.518 en 1977 (Altimir, 1982: 155).

A partir de 1977 tanto los salarios reales como la participación del trabajo en el ingreso nacional disponible mostraron una leve pero sostenida disminución hasta 1982. De ahí en adelante estas tendencias se aceleraron (véanse las gráficas 2 y 4, en la introducción).

En 1984, a la fecha del levantamiento de la primera fase de la Encuesta Nacional de Ingresos y Gastos de los Hogares, ya era claro que las tendencias se habían revertido y que los asalariados habían sufrido una merma económica de importancia. Esto hacía suponer que la desigualdad debería haber aumentado.

Sin embargo, los primeros resultados mostraron, sorpresivamente, que el índice de Gini continuaba descendiendo: de 0.488 en 1977 pasó a 0.469 en 1984 (INEGI-SPP, 1986: 88 y 89). Por otra parte, Hernández Laos (1989: 30, 51 y 57) estima, para 1977, valores que fluctúan entre 0.496 y 0.462 y para el primer trimestre de 1984 entre 0.477 y 0.460.

Las diferencias en los valores se deben a distintas formas de corregir la información buscando tanto la comparabilidad entre encuestas de ingresos como su compatibilidad con otras fuentes oficiales.

Cualquiera que sea el ajuste utilizado, lo que es un hecho es que la medición de la desigualdad social en el periodo no marca un aumento. La imagen que resulta de la evolución de la desigualdad depende del conjunto de índices que se emplee. Si tomamos para 1977 la estimación más alta de Hernández Laos y para 1984 la más baja, tendríamos una tendencia claramente decreciente, mientras que se frenaría si consideráramos las dos estimaciones más bajas.

En el primer caso concluiríamos que la desigualdad en la distribución siguió disminuyendo a pesar del cambio de modelo económico y de la política de ajuste. En el segundo caso se diría que, a juzgar por el índice de Gini, la distribución del ingreso no fue sensible a la severidad de las medidas económicas adoptadas entre 1982 y 1983.

A la luz de los diversos estudios que se han llevado a cabo para analizar los efectos sociales del ajuste, ninguno de los dos comportamientos de la desigualdad puede aceptarse como expresión del impacto de la crisis sobre los hogares. Además, desde el punto de vista estadístico hay que considerar que el índice de Gini (como toda medida resumen) muestra sintéticamente la operación de las múltiples determinantes que afectan a la distribución del ingreso.

Efectivamente, la desigualdad en la distribución del ingreso en 1984 fue levemente menor que la de 1977. Sin embargo, de este hecho no debe desprenderse que en el periodo mejoró el estándar de vida de los mexicanos ni tampoco la justicia social, pero no sólo porque la tendencia hacia una menor desigualdad fue leve, si es que la hubo, sino porque deben tomarse en cuenta una serie de elementos adicionales.

Hay que considerar que si bien hubo un cambio mínimo hacia una mayor equidad no es menos cierto que tuvo lugar en medio de una contracción generalizada de ingresos. Es decir, el pastel se reparte "mejor", pero las rebanadas son cada vez más delgadas.

Debe tomarse en cuenta que la curva que describe la distribución del ingreso familiar presenta un sesgo hacia los valores superiores de modo que el décimo decil (que tenía un ingreso familiar promedio de nueve salarios mínimos en 1984 y que a su vez coincide con el estrato alto) incluye en un mismo grupo a los hogares de grandes empresarios y rentistas, junto con algunos conspicuos exponentes de las clases medias como son los gerentes, los funcionarios del gobierno y los profesionistas y técnicos, ya sean dependientes o independientes. Dado el nivel de agregación de los datos analizados es imposible saber si tuvo lugar un proceso concentrador en favor de aquellos hogares del estrato alto cuyo ingreso procede fundamentalmente de rentas, ya sea por la actividad empresarial o por la propiedad de bienes y capitales. Es decir, puede haber tenido lugar una concentración del ingreso en favor del capital (o lo que es lo mismo en contra del trabajo) que no queda reflejada en la información que tenemos y que tampoco se puede detectar a través de cuentas nacionales.

La reducción de la remuneración al trabajo en los estratos alto y medio alto (que contienen a la mayoría de los hogares de clase media) en el mismo orden de magnitud que experimentó el salario mínimo entre 1977 y 1984 (35%), da pie para hipotetizar que las familias de estos sectores absorbieron la disminución salarial sin echar mano de sus reservas de fuerza de trabajo, aunque posiblemente intensificaron el uso de la ya empleada. Es posible que por ello aparezcan como los principales "perjudicados" por las medidas macroeconómicas implantadas a partir de 1982-1983.

En las capas inferiores de la estratificación social la merma en el poder adquisitivo, debida a la caída en la remuneración al trabajo, presionó a los hogares a compensarla. La disminución de este componente del ingreso familiar en los estratos bajo y medio bajo (70% de los hogares en 1984) fue poco menos que un 15% en el periodo, reducción sustancialmente menor que la del salario mínimo, lo que puede ser producto de la intensificación de la fuerza de trabajo de algunos hogares pobres en tareas realizadas para un patrón y remuneradas en dinero.

Pero no fue ése el único camino de estos grupos domésticos como reacción para defender su ingreso; también recurrieron a fuentes de ingresos no salariales para satisfacer sus necesidades. El abanico utilizado fue y sigue siendo amplio y las acciones particulares dependieron de los recursos con que contaba cada grupo doméstico y las oportunidades que les brindaban los diferentes mercados.

Una vía fueron las actividades "informales", desde la venta ambulante y la prestación de servicios menores, hasta la producción domiciliaria incluida la maquila para industrias formales. Otro camino fue el arrendamiento "informal" de la propiedad y de otros bienes familiares. También se recurrió a la producción doméstica de satisfactores que antaño se compraban en el mercado, a la venta de fuerza de trabajo femenina y a la incorporación de niños y jóvenes a la actividad productiva. No hay que olvidar que hubo familias en algunas zonas del país que amortiguaron la disminución salarial por las remesas que recibieron tanto de otras personas u hogares en México, como de trabajadores migratorios desde los Estados Unidos.

Estos flujos monetarios no salariales se reflejaron en las rentas, tanto empresarial como de la propiedad, en el ingreso en especie y en las transferencias monetarias, que en conjunto, con la caída del salario, conforman los rubros del cambio en la composición de la desigualdad. Aun cuando el grado de concentración no se alteró sustancialmente, sí tuvo lugar una modificación en su composición por fuentes.

Los hogares más pobres del país, la tercera parte de las familias (poco más de cuatro millones, con una población que debe rebasar los veinte millones de personas), asentadas principalmente en el medio rural, produjeron su sustento cotidiano o bien lo compraron con las remesas que reciben de sus familiares. Estos grupos domésticos están débilmente vinculados al mercado laboral, por lo que la política de contracción de salarios prácticamente no los afectó. El ingreso del primer decil (el más bajo) es el único que no se redujo en términos reales. Esto difícilmente se puede explicar como resultado de una especial preocupación de la política de ajuste por el destino económico de los sectores más desvalidos de la sociedad, sino más bien evidencia la escasa conexión que mantienen con el mercado de trabajo, que ha sido una de las correas de transmisión de la política macroeconómica instrumentada.

Las consecuencias sociales del esfuerzo productivo a que se han visto sometidas las familias de bajos ingresos se han empezado a estudiar recientemente. El trabajo de la esposa fuera de casa, en un contexto de valores tradicionales que incluye la división sexual del poder dentro del hogar, no pocas veces crea conflictos matrimoniales. Además habría que agregar las tensiones que se derivan de la reivindicación femenina por el control del ingreso (Blumberg, 1988; Roldán, 1982). Algunas investigaciones en curso muestran el descuido de los infantes debido a los conflictos entre la pareja. A pesar de todos los esfuerzos desplegados por los miembros de los grupos domésticos es claro que hay una alta proporción de hogares en que el dinero no alcanza para satisfacer las necesidades esenciales. La incorporación de la mujer al trabajo forzada por apremios económicos agrava las tensiones intradomésticas.

Para los que ponen la línea de pobreza del

ingreso familiar debajo de dos salarios mínimos, los hogares pobres del país serían en 1984 alrededor de un 60%, en tanto que para los que utilizan como criterio la canasta normativa de satisfactores esenciales, el 50% de los hogares estaría en situación de pobreza y la mitad de ellos (el 25.1%) en extrema pobreza. Estas condiciones tienen que originar desnutrición infantil y, en general, problemas de salud.

Además, el trabajo de los niños afecta su rendimiento escolar así como su permanencia en el sistema educativo.

En resumen, *si bien es cierto que la respuesta de los hogares a la política de ajuste neutralizó parcialmente sus perjuicios sobre el nivel de vida y no tuvo lugar el esperado proceso de concentración del ingreso, la contrapartida es un costo para el funcionamiento de la familia y de la sociedad que todavía no podemos calibrar.*

Las múltiples estrategias seguidas por los sectores populares en defensa de su acceso al sustento cotidiano condujeron al crecimiento del sector informal que cobija un volumen creciente de las personas "ocupadas", pero que desarrollan actividades de baja productividad y que en consecuencia obtienen bajísimos ingresos. Éste es uno de los elementos que se deben considerar para explicar por qué tampoco aumentó significativamente la tasa de desocupación en el periodo (excepto la oscilación de 1983).

Los datos agregados que hemos analizado permiten perfilar una gama amplia de medios que utilizan los hogares para combatir el impacto de la política de ajuste sobre sus condiciones de vida. Sin embargo, quedan una serie de preguntas que sólo podrán responderse a partir del análisis multivariado de los microdatos de las encuestas de ingresos y gastos. Con la información disponible (tanto la que proveen los estudios que se refieren al periodo analizado, como la información numérica empleada) no es posible llevar a cabo un estudio detallado de los factores que condicionan el uso que hacen las familias de sus recursos para amortiguar el costo social del modelo económico.

Dado que hemos analizado sólo los datos del primer trimestre de la encuesta de ingresos y gastos de 1984 no hemos considerado la estacionalidad que pudiese estar afectando la contribución de las distintas fuentes a la conformación del ingreso familiar total. Por ejemplo, para estos meses los ingresos en dinero por actividades empresariales y las transferencias monetarias deben estar subestimados en los estratos bajos en los que hay una fuerte presencia agraria, por la natural estacionalidad que merma su actividad en invierno.

Por otra parte, tampoco hemos considerado la distribución espacial del ingreso. Este análisis podría ser del mayor interés toda vez que hay una serie de indicaciones que llevan a pensar que la crisis encarnó de diferentes maneras sobre el territorio nacional, a la vez que es perceptible que no todas las regiones se están "modernizando" de la misma manera. Con los datos de la muestra es posible investigar la distribución regional del ingreso, distinguiendo entre zonas de alta y baja densidad, pero no permiten llevar el análisis al nivel de zonas conformadas por localidades o municipios específicos.

En la introducción presentamos los principales cambios en la política económica que dan sentido a las tendencias que hemos detectado en la distribución del ingreso familiar en el México de la transición. Es claro que en un modelo económico diseñado para alentar exportaciones no tradicionales que proporcionen las divisas que exige el pago de la deuda externa, sería posible aumentar los salarios reales (y de esta manera continuar en la senda que lleva a la igualdad social) siempre que se incremente la productividad física del trabajo y que la producción sea competitiva en el mercado internacional.[1] Sin embargo, los análisis muestran que

[1] Hacemos nuestra la distinción que introduce Fajnzylber (1990: 3 y 4) entre competitividad de una economía a nivel nacional y competitividad de una economía a nivel de un bien o servicio: "... a nivel nacional una economía sería competitiva si tiene la capacidad de incrementar o al menos sostener su participación en los mercados internacionales, con una elevación paralela del nivel de vida de su población; a nivel de un bien o servicio una economía

en el caso mexicano no sólo hay una brecha de productividad con los países desarrollados sino que ésta ha aumentado (Hernández Laos y Velazco, 1988).

Por otra parte, se han hecho ejercicios que proponen como meta la satisfacción de las necesidades básicas bajo el supuesto de que la estructura económica está dada (es decir, sin cambiar los encadenamientos productivos de la matriz de insumo-producto) y concluyen que el esfuerzo productivo por realizar es menor a medida que es más equitativa la distribución del ingreso (Hernández Laos y Parás).[2]

Este resultado, a la vez que contradice la idea

---

es competitiva cuando consigue, por lo menos, igualar los patrones de eficiencia vigentes en el resto del mundo en cuanto a utilización de recursos y a calidad del producto o servicio ofrecido; la primera definición implica a la segunda, por lo menos en el mediano plazo, ya que aumentar la participación en el mercado internacional en un contexto de salarios reales crecientes (elevación paralela del nivel de vida) sólo es posible en la medida en que 'la utilización de recursos' para producir con una calidad similar al estándar internacional, se mueva hacia la mejor práctica en el mercado.

El logro o sostenimiento de la competitividad en cualquiera de las nociones mencionadas supone la incorporación de progreso técnico, entendido como la capacidad de imitar, adaptar y eventualmente desarrollar procesos de producción y productos previamente inexistentes en una economía, es decir, supone el tránsito hacia nuevas funciones de producción".

[2] La discusión del vínculo entre equidad y desarrollo no es nueva en América Latina. Sus antecedentes se remontan a la década de los sesenta (Furtado, 1966) y continúa con las polémicas ya clásicas entre Aníbal Pinto (1970), María Conceiçao Tavares (1973), Pedro Vuskovic (1974) y M. Selowsky (1981).

dominante de concentrar el ingreso para aumentar la inversión y por esta vía lograr el desarrollo cuyos frutos se repartirán con mayor justicia en el futuro,[3] armoniza con un modelo que postula que los países de América Latina[4] pueden lograr un desarrollo sostenido a partir de una distribución más equitativa del ingreso: "A igualdad de ingreso medio la equidad tiende a configurar un patrón de consumo más austero que el que se da cuando hay una aguda concentración del ingreso, ya que inhibe la tendencia de los sectores de mayores ingresos a calcar y exagerar el patrón de consumo de las sociedades más avanzadas" (Fajnzylber, 1989: 60).[5]

[3] A nuestro juicio esta idea se basa en una lectura parcial del trabajo ya clásico de Kuznets, quien después de mostrar la relación histórica entre la distribución del ingreso y el crecimiento económico en los países de desarrollo originario, alerta sobre su posible generalización abusiva a los países subdesarrollados (Kuznets, 1965: 284).

[4] Nótese que el planteamiento se hace para América Latina como región y no para algún país en particular. En estos momentos parece propio de académicos trasnochados postular siquiera la pertinencia de América Latina como concepto; sin embargo, hay científicos que siempre han mantenido una clara vocación latinoamericanista como Urquidi (1982: 365) en México, quien sostiene: "Hoy día, el concepto 'América Latina' resulta ser distinto a lo que era hace treinta años..." y agrega: "... es muy útil, sobre todo a la luz de las características económicas y socioculturales dominantes, considerar a América Latina —con uno o dos territorios de más o de menos— como un concepto global y que toda la región es parte del Tercer Mundo".

[5] Los datos del cuadro A5.1 del anexo I, muestran la relación entre equidad (medida por la relación entre el ingreso del 40% de

El enfoque de Fajnzylber (1989: 167) lo lleva a sostener en sus conclusiones que: "La secuencia que parece desprenderse del estudio es la de equidad, austeridad, crecimiento y competitividad... Tanto la experiencia como consideraciones internas y externas, políticas y económicas muestran que en América Latina será cada vez más difícil postergar el tema de la equidad...". Esta idea nos convoca a profundizar en la investigación de las peculiaridades de la desigualdad en la distribución del ingreso en México y a buscar su coordinación con otros estudios, tanto referidos a la misma variable como a los demás elementos y relaciones de causalidad que favorecen la convergencia del crecimiento con la equidad (CEPAL, 1990: 63-83). Asimismo nos lleva a buscar la comparabilidad de nuestros resultados con los de otros investigadores de la región para constituir un cúmulo útil ante el desafío básico que según Urquidi (1982: 377) es "...cómo diseñar una estrategia de desarrollo que incorpore factores económicos de largo alcance, políticas a corto y a mediano plazo, consideraciones ambientales, la necesidad del cambio social, la estabilidad política y la afirmación de los valores culturales locales y regionales".

---

las familias más pobres y el del 10% más ricas) y crecimiento económico (medido a través de la tasa promedio anual de crecimiento del PIB per cápita en el periodo 1965-1987), en algunos países; los indicadores son los propuestos por Fajnzylber.

El panorama descrito en este trabajo muestra a la mayor parte de la población sometida a las tensiones que derivan del esfuerzo cotidiano para obtener el sustento, con todas las secuelas de las estrategias que ha implementado, y, por otra parte, las esperanzas de un futuro mejor no aparecen con claridad en el horizonte. Ello ha llevado a preguntarse por qué no ha habido una ruptura violenta y generalizada de la paz social en México.[6]

Son varias las explicaciones que se han propuesto:

i) Los pobres han sobrevivido enviando mayores contingentes de fuerza de trabajo al mercado.

ii) La economía informal ha sido una válvula de escape.

iii) Hay un límite, no bien definido pero aún no alcanzado, a partir del cual se produce la disrupción social. (Escobar, 1988: 3.)

iv) En un trabajo anterior, al analizar la distribución del ingreso entre los afiliados al IMSS, concluimos que "el empobrecimiento generalizado que perciben los trabajadores entre sus pares, impide que la frustración económica se canalice en agresión social" (Cortés *et al.*, 1990).

Los resultados de este trabajo nos permiten agregar una explicación más comprensiva (en tanto incluye y articula a las anteriores). La seve-

[6] Cadena Roa (1988) presenta una revisión de los principales conflictos sociales que han tenido lugar entre 1982 y 1986.

ridad de la política de ajuste fue amortiguada por las acciones emprendidas por los sectores populares, quienes recurrieron a la venta de su fuerza de trabajo tanto en el país como en el extranjero, a su aprovechamiento en actividades informales en la producción y los servicios, y a la renta informal de sus propiedades. Los datos parecen evidenciar que no fueron éstos los caminos que siguieron los sectores asalariados de los estratos alto y medio alto.

La tercera explicación parece hacer referencia a un parámetro del sistema político: su capacidad de absorción de conflictos, y a un cúmulo creciente de tensiones sociales, originadas en el empobrecimiento de la población, que se volcarían sobre el sistema. Sin embargo, las múltiples respuestas de la población a la política de ajuste muestran que las familias en lugar de demandar soluciones políticas impusieron mayores exigencias a sus propios miembros.[7]

Por último, si el empobrecimiento generaliza-

[7] Esta interpretación es consistente con el hallazgo de la investigación de Cornelius (1980: 188 y 199) hecha en zonas pobres de la Ciudad de México donde encontró que los bajos ingresos no eran considerados por los jefes de familia como un problema social sino como responsabilidad individual. El autor cita además a otros investigadores que llegaron a la misma conclusión con estudios realizados en la ciudad de Jalapa, en México, y en otras ciudades de América Latina, pero también hace notar la diferencia con "...ciudades africanas en que la acción colectiva de la clase baja ha encontrado su punto de unión en el desempleo y otros problemas económicos".

do efectivamente actuara como atenuante de la frustración económica, *la redistribución del ingreso por reducción* sería un ingrediente adicional que ayudaría a explicar por qué los brotes de violencia no han alcanzado mayor magnitud.

El empobrecimiento generalizado (aunque más equitativo) de los hogares parece haberse asumido como responsabilidad propia. De aquí se deriva que las presiones de la población sobre el sistema político están amortiguadas por la autoexplotación forzada de los recursos de las familias, las redes de solidaridad social y la extensión de las actividades informales.

ANEXOS

CUADRO A1.1

Distribución del ingreso familiar mensual por deciles, según fuentes, 1977 y 1984

(*Miles de pesos de 1978*)

Deciles hogares	*Remuneración al trabajo*		*Renta empresarial*		*Renta de la propiedad*		*Transferencias monetarias*		*Ingreso en especie*		*Ingreso total*	
	1977	*1984*	*1977*	*1984*	*1977*	*1984*	*1977*	*1984*	*1977*	*1984*	*1977*	*1984*
I	0.157	0.183	0.250	0.178	0.002	0.008	0.057	0.097	0.297	0.297	0.763	0.763
II	0.579	0.470	0.468	0.401	0.002	0.027	0.115	0.155	0.401	0.401	1.565	1.454
III	1.025	0.861	0.605	0.497	0.005	0.027	0.134	0.178	0.445	0.445	2.214	2.008
IV	1.525	1.337	0.752	0.495	0.003	0.013	0.198	0.263	0.522	0.522	3.000	2.630
V	2.246	1.725	0.810	0.675	0.007	0.030	0.263	0.220	0.681	0.681	4.007	3.331
VI	3.282	2.283	0.754	0.800	0.012	0.048	0.162	0.253	0.802	0.802	5.012	4.186
VII	4.050	2.778	1.102	1.144	0.007	0.057	0.270	0.262	1.010	1.010	6.439	5.251
VIII	5.241	3.669	1.527	1.387	0.009	0.139	0.340	0.423	1.294	1.294	8.411	6.912
IX	7.626	5.361	1.848	1.572	0.048	0.256	0.540	0.610	1.773	1.773	11.835	9.572
X	14.372	9.345	4.621	4.640	0.454	1.009	1.012	0.767	3.359	3.359	23.818	19.120

Fuente: cuadro 4 de Hernández Laos (1989).

CUADRO A1.2

Características de los deciles de ingreso* en 1977 y 1984

*Número de hogares: 11 838 500.** Salario mínimo: 3 215.04.*

1977

Deciles hogares	*Ingreso mensual*	*Salarios mínimos*	*Porcentaje del ingreso total*	*Porcenatje acumulado del ingreso total*
I	763.2	0.24	1.1	1.1
II	1 565.3	0.49	2.3	3.4
III	2 214.2	0.69	3.3	6.7
IV	2 999.9	0.93	4.5	11.2
V	4 007.4	1.25	6.0	17.2
VI	5 012.1	1.56	7.5	24.7
VII	6 438.9	2.00	9.6	34.3
VIII	8 411.3	2.62	12.5	46.8
IX	11 834.9	3.68	17.6	64.4
X	23 817.5	7.41	35.5	100.0
Promedio	6 706.5	2.09	100.0	

*Número de hogares: 14 561 867.*** Salario mínimo: 2 100.37.*

		1984			
Deciles hogares	*Ingreso mensual*	*Salarios mínimos*	*Porcentaje del ingreso total*	*Porcentaje acumulado del ingreso total*	*Salarios mínimos en 1977*
I	763.2	0.36	1.4	1.4	0.24
II	1 454.3	0.69	2.6	4.0	0.45
III	2 008.2	0.96	3.6	7.7	0.62
IV	2 629.9	1.25	4.8	12.4	0.82
V	3 331.4	1.59	6.0	18.5	1.04
VI	4 186.1	1.99	7.6	26.0	1.30
VII	5 250.9	2.50	9.5	35.6	1.63
VIII	6 912.3	3.29	12.5	48.1	2.15
IX	9 571.9	4.56	17.3	65.4	2.98
X	19 119.5	9.10	34.6	100.0	5.95
Promedio	5 522.8	2.63	100.0		1.72

* El ingreso y los salarios mínimos se consideraron mensuales, en pesos de 1978.

** La estimación de 1977 fue tomada de Altimir (1981: 140) y la de 1984 de la ENIGH (1989).

Fuentes: de los ingresos, el cuadro A1.1, y de los salarios mínimos, Nafinsa (1988: 62). Para deflactar se usó en 1977 el promedio anual del Índice Nacional de Precios al Consumidor; en 1984 la media geométrica de los índices de enero, febrero y marzo tomados de Nafinsa (1988: 346).

CUADRO A2.1

Análisis jerárquico de conglomerados, 1977

(Criterio de aglomeración: cuadrado de la distancia euclidiana)

	Proceso de formación de conglomerados					
	Combinación			*Etapa de primera aparición*		
Etapa	*1*	*2*	*Coeficiente*	*1*	*2*	*Próxima etapa*
1	2	3	0.029546	0	0	3
2	4	5	0.113398	0	0	4
3	1	2	0.156317	0	1	6
4	4	6	0.241715	2	0	6
5	7	8	0.343851	0	0	7
6	1	4	0.576428	3	4	7
7	1	7	1.849934	6	5	8
8	1	9	5.685750	7	0	9
9	1	10	41.760452	8	0	0

Gráfica vertical de conglomerados

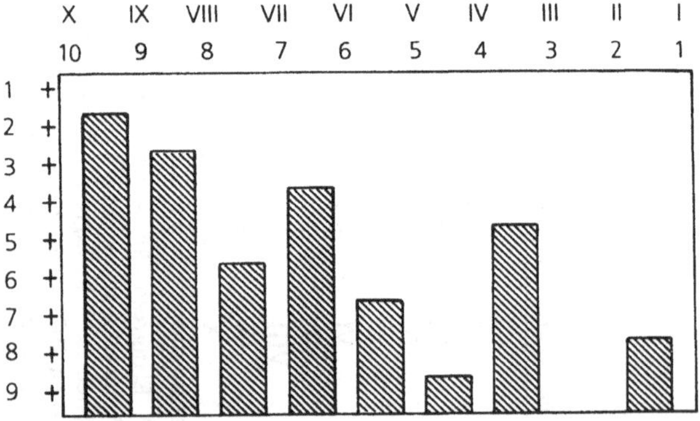

Hacia abajo, número de conglomerados. Hacia la derecha, deciles de ingreso

CUADRO A2.1

(Continuación) 1984

	Proceso de formación de conglomerados					
	Combinación			*Etapa de primera aparición*		
Etapa	*1*	*2*	*Coeficiente*	*1*	*2*	*Próxima etapa*
1	2	3	0.038991	0	0	4
2	5	6	0.093593	0	0	3
3	4	5	0.194474	0	2	5
4	1	2	0.211152	0	1	6
5	4	7	0.472213	3	0	6
6	1	4	0.985435	4	5	8
7	8	9	1.563561	0	0	8
8	1	8	5.865974	6	7	9
9	1	10	39.125233	8	0	0

Gráfica vertical de conglomerados

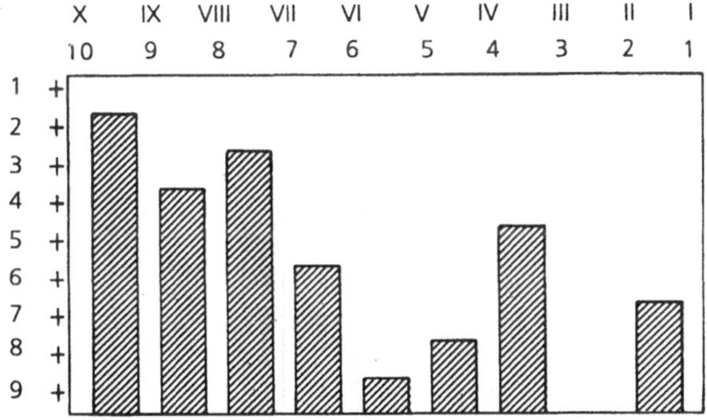

Hacia abajo, número de conglomerados. Hacia la derecha, deciles de ingreso.

CUADRO A2.2

Grado de desigualdad según fuentes, 1977

(*Varianzas y covarianzas por estrato*)

(*Datos Lydall*)

	Remuneración al trabajo	*Renta empresarial*	*Renta de la propiedad*	*Transferencias monetarias*	*Ingreso en especie*
Remuneración al trabajo	16.466	9.572	0.964	2.149	5.541
Renta empresarial		1.437	0.306	0.631	1.707
Renta de la propiedad			0.018	0.065	0.189
Transferencias monetarias				0.071	0.368
Ingreso en especie					0.516

Varianza total: 40.001.

Grado de desigualdad según fuentes, 1984

(Varianzas y covarianzas por estrato)

	Remuneración al trabajo	*Renta empresarial*	*Renta de la propiedad*	*Transferencias monetarias*	*Ingreso en especie*
Remuneración al trabajo	6.832	6.143	1.424	1.038	4.538
Renta empresarial		1.483	0.702	0.464	2.184
Renta de la propiedad			0.085	0.103	0.496
Transferencias monetarias				0.041	0.341
Ingreso en especie					0.761

Varianza total: 26.6348.

CUADRO A2.2

(Continuación)

Cambio en la desigualdad según fuentes, 1984-1977

(Varianzas y covarianzas por estrato, datos Lydal)

	Remuneración al trabajo	*Renta empresarial*	*Renta de la propiedad*	*Transferencias monetarias*	*Ingreso en especie*
Remuneración al trabajo	−9.634	−3.429	0.460	−1.111	−1.002
Renta empresarial		0.046	0.396	−0.167	0.477
Renta de la propiedad			0.067	0.037	0.307
Transferencias monetarias				−0.030	−0.027
Ingreso en especie					0.244

Varianza total: −13.366.

CUADRO A3.1

Número de ocupados por rama y estrato, 1977

Estratos	*Agrícola*	*Petrolero*	*Minas*	*Transfe-rencias*	*Construc-ción*	*Eléctrico*	*Comercio*	*Trans-portes*	*Servicios combi-nados*	*Gobierno*	*Sin espe-cificar*	*Total*
I	2 544 274	4 722	5 479	639 918	185 239	6 183	502 387	49 858	845 671	31 872	102 919	4 918 521
II	2 094 026	7 258	30 697	892 770	462 182	2 998	709 726	132 820	725 056	123 803	125 348	5 306 683
III	321 614	20 199	13 678	1 037 822	288 131	6 683	616 921	201 381	826 734	256 281	101 517	3 690 961
IV	121 184	15 302	9 587	516 310	80 124	17 113	254 897	122 813	543 836	120 493	50 952	1 852 613
V	114 299	39 960	8 119	396 285	52 640	29 480	270 954	130 034	597 940	134 703	51 203	1 825 619
Total	5 195 397	87 440	67 560	3 483 106	1 068 315	62 457	2 354 885	636 907	3 539 238	667 152	431 940	17 594 397

Proporción de ocupados por rama según estrato, 1977

Estratos	*Agrícola*	*Petrolera*	*Minas*	*Transfe-rencias*	*Construc-ción*	*Eléctrico*	*Comercio*	*Trans-portes*	*Servicios combi-nados*	*Gobierno*	*Sin espe-cificar*	*Total*
I	0.517	0.001	0.001	0.130	0.038	0.001	0.102	0.010	0.172	0.006	0.021	1.000
II	0.395	0.001	0.006	0.168	0.087	0.001	0.134	0.025	0.137	0.023	0.024	1.000
III	0.087	0.005	0.004	0.281	0.078	0.002	0.167	0.055	0.224	0.069	0.028	1.000
IV	0.065	0.008	0.005	0.279	0.043	0.009	0.138	0.066	0.294	0.065	0.028	1.000

V	0.063	0.022	0.004	0.217	0.029	0.016	0.148	0.071	0.328	0.074	0.028	1.000
Total	0.295	0.005	0.004	0.198	0.061	0.004	0.134	0.036	0.201	0.038	0.025	1.000

Proporción de ocupados por estrato según rama, 1977

Estratos	*Agrícola*	*Petrolera*	*Minas*	*Transfe-rencias*	*Construc-ción*	*Eléctrico*	*Comercio*	*Trans-portes*	*Servicios combi-nados*	*Gobierno*	*Sin espe-cificar*	*Total*
I	0.490	0.054	0.081	0.184	0.173	0.099	0.213	0.078	0.239	0.048	0.238	0.280
II	0.403	0.083	0.454	0.256	0.433	0.048	0.301	0.209	0.205	0.186	0.290	0.302
III	0.062	0.231	0.202	0.298	0.270	0.107	0.262	0.316	0.234	0.384	0.235	0.210
IV	0.023	0.175	0.142	0.148	0.075	0.274	0.108	0.193	0.154	0.181	0.118	0.105
V	0.022	0.457	0.120	0.114	0.049	0.472	0.115	0.204	0.169	0.202	0.119	0.104
Total	1.000	1.000	1.000	1.000	1.000	1.000	1.000	1.000	1.000	1.000	1.000	1.000

Fuente: elaboraciones propias a partir de los cuadros 2, 3, 7, 8 y 11 de Diez-Canedo y Vera (1982).

CUADRO A3.2

Estratificación por ocupación en México, 1980

(*Porcentajes de la población económicamente activa*)

	Porcentajes originales		*Porcentajes ajustados**	
Estrato no manual alto				
Empleadores, profesionales independientes	3.5		3.5	
Gerentes, profesionales dependientes y técnicos	9.9		9.9	
Total		13.4		8.5
Estrato no manual bajo				
Oficinistas	16.7		16.7	
Vendedores dependientes	4.9		4.9	
Total		21.6		13.7
Empresarios menores				
Comercio	1.8		1.8	
Otros	2.8		2.8	
Total		4.6		2.9

Independientes				
Comercio	6.7		6.7	
Otros	11.9		11.9	
Total		18.6		11.7
Obreros asalariados				
Transportes	2.5		2.5	
Construcción	8.3		8.3	
Industria	14.5		14.5	
Servicio	11.2		11.2	
Total		36.5		23.2
Empleados domésticos	5.3		5.3	3.4
Total urbano	100.0		100.0	63.4
Agricultura	36.6			36.6
Total				100.0

* Son las proporciones respecto del total (incluye agricultura).
Fuente: Oliveira y Roberts (1989).

CUADRO A4.1

Gasto total ejercido del gobierno federal por clasificación administrativa, 1979-1989

(*Miles de millones de pesos por cada año*)

	1979	*1980*	*1981*	*1982*	*1983*
Legislativo	0.30	0.70	1.10	1.40	3.50
Pres. de la Rep.	1.10	4.90	7.00	12.60	4.70
Judicial	0.80	1.20	1.80	2.60	5.30
Gobernación	2.90	5.00	8.70	10.10	12.30
Rel. Exteriores	2.30	2.60	3.50	6.70	14.00
Hac. y Créd. Públ.	10.80	68.30	102.70	126.70	257.30
Defensa Nac.	10.70	12.60	23.40	34.80	67.00
Agric. y Rec. Hidr.	37.20	91.10	132.10	174.00	218.80
Comunic. y Transp.	15.70	40.00	65.80	106.70	232.10
Com. y Fom. Ind.	2.00	41.20	63.30	96.50	155.40
Educ. Pública	103.00	140.00	220.50	368.60	486.90
Salubridad y Asist.	16.00	19.60	28.50	45.30	60.70
Marina	3.80	4.70	7.00	10.60	20.20
Trab. y Prev. Soc.	1.40	2.60	7.00	8.10	6.00
Reforma Agraria	3.50	6.50	8.90	10.80	20.70
Pesca	1.90	6.40	11.70	14.40	21.20
Proc. Gral. Rep.	0.90	1.20	1.80	2.60	4.00
Energ. Minas e Ind.	4.20	81.10	117.30	242.90	505.30
Aport. Seg. Soc.[b]				35.20	38.80
Des. Urb. y Ecol.	19.80	36.30	62.00	63.60	28.50
Turismo	1.40	4.50	6.50	8.90	10.50
Inv. financ.[c]	52.70				
Erog. no sectoriza.	91.40	52.40	88.80	48.20	97.80
Prog. y Presup.	4.50	7.70	11.90	17.20	23.80
Desarrollo reg.[b]				60.20	84.10
Contral. Gral. Fed.[d]					3.40
Reconstrucción					
Deuda pública[e]	139.20	157.30	307.20	1 418.00	2 228.30
Partic. y estim.	62.20	107.50	178.10	251.00	585.80
Adefas[f]	36.30	38.10	66.10	92.10	171.10
Total	626.00	933.50	1 532.70	3 269.80	5 367.50

[a] Cifras estimadas.

[b] Este ramo se creó en 1982.

[c] Este ramo dejó de operar en 1980.

[d] Esta secretaría se creó en 1983.

1984	1985	1986	1987	1988	1989[a]
6.70	10.30	17.70	46.40	92.10	155.20
8.70	10.50	21.90	57.50	123.90	130.80
11.10	19.50	34.50	102.90	239.90	228.70
31.00	42.20	49.90	134.80	314.00	420.80
20.30	30.60	62.90	161.40	260.80	365.50
288.40	408.30	663.40	1 095.30	1 988.00	2 306.20
137.10	221.50	353.80	779.40	1 476.30	1 934.50
339.50	497.00	728.20	1 476.60	2 173.60	3 105.70
404.70	576.60	836.50	1 973.10	2 354.90	2 579.80
395.70	521.80	781.30	1 455.10	2 216.30	3 910.30
826.70	1 332.00	2 112.70	5 034.30	10 120.10	13 300.80
102.60	169.60	308.80	737.40	1 527.80	1 829.00
36.10	75.40	111.20	263.80	600.70	643.10
11.30	18.00	27.90	64.80	130.80	212.10
32.60	41.80	54.60	122.80	233.50	210.10
29.30	43.50	56.70	86.10	135.20	148.80
7.40	12.50	22.60	53.40	107.10	214.10
593.00	950.30	1 345.30	2 523.60	3 466.90	3 433.50
78.30	138.50	238.20	833.50	1 849.20	2 482.40
67.00	77.70	154.20	272.90	445.60	442.10
16.90	21.70	28.20	72.50	132.30	106.50
61.40	257.40	128.50	284.40	1 248.60	4 636.60
39.60	58.80	83.50	216.40	451.30	709.00
229.20	319.80	603.30	1 282.00	1 818.60	2 208.40
5.40	6.90	9.30	21.80	44.50	36.80
		33.60	2.20		47.30
3 197.20	5 446.10	17 159.70	52 898.40	114 234.80	145 703.30
922.80	1 367.50	2 079.70	5 213.80	12 157.70	14 176.00
165.30	344.70	466.50	488.30	902.00	2 128.80
8 065.30	13 020.50	28 574.60	77 754.90	160 846.50	207 806.20

[e] Comprende amortización; para el año de 1985 incluye 1 585 024 000 000 de pesos.

[f] Adeudo de ejercicios fiscales anteriores.

Fuente: Carlos Salinas de Gortari, Primer informe de gobierno, 1989, anexo, p. 31.

CUADRO A4.2

Estructura porcentual del gasto total ejercido del gobierno federal por clasificación administrativa, 1979-1989

(*Porcentajes respecto del total de cada año*)

	1979	*1980*	*1981*	*1982*	*1983*
Legislativo	0.048	0.075	0.072	0.043	0.065
Pres. de la Rep.	0.176	0.525	0.457	0.385	0.088
Judicial	0.128	0.129	0.117	0.080	0.099
Gobernación	0.463	0.536	0.568	0.309	0.229
Rel. Exteriores	0.367	0.279	0.228	0.205	0.261
Hac. y Créd. Públ.	1.725	7.317	6.701	3.875	4.794
Defensa Nac.	1.709	1.350	1.527	1.064	1.248
Agric. y Rec. Hidr.	5.942	9.759	8.619	5.321	4.076
Comunic. y Transp.	2.508	4.285	4.293	3.263	4.324
Com. y Fom. Ind.	0.319	4.413	4.130	2.951	2.895
Educ. Pública	16.454	14.997	14.386	11.273	9.071
Salubridad y Asist.	2.556	2.100	1.859	1.385	1.131
Marina	0.607	0.503	0.457	0.324	0.376
Trab. y Prev. Soc.	0.224	0.279	0.457	0.248	0.112
Reforma Agraria	0.559	0.696	0.581	0.330	0.386
Pesca	0.304	0.686	0.763	0.440	0.395
Proc. Gral. Rep.	0.144	0.129	0.117	0.080	0.075
Energ. Minas e Ind.	0.671	8.688	7.653	7.429	9.414
Aport. Seg. Soc.				1.077	0.723
Des. Urb. y Ecol.	3.163	3.889	4.045	1.945	0.531
Turismo	0.224	0.482	0.424	0.272	0.196
Inv. financ.	8.419				
Erog. no sectoriza.	14.601	5.613	5.794	1.474	1.822
Prog. y Presup.	0.719	0.825	0.776	0.526	0.443
Desarrollo reg.				1.841	1.567
Contral. Gral. Fed.					0.063
Reconstrucción					
Deuda pública	22.236	16.851	20.043	43.367	41.515
Partic. y estim.	9.936	11.516	11.620	7.676	10.914
Adefas	5.799	4.081	4.313	2.817	3.188
Total	100.000	100.000	100.000	100.000	100.000

Fuente: cuadro A4.1.

1984	1985	1986	1987	1988	1989
0.083	0.079	0.062	0.060	0.057	0.075
0.108	0.081	0.077	0.074	0.077	0.063
0.138	0.150	0.121	0.132	0.149	0.110
0.384	0.324	0.175	0.173	0.195	0.202
0.252	0.235	0.220	0.208	0.162	0.176
3.576	3.136	2.322	1.409	1.236	1.110
1.700	1.701	1.230	1.002	0.918	0.931
4.209	3.817	2.548	1.899	1.351	1.495
5.018	4.428	2.927	2.538	1.464	1.241
4.906	4.008	2.734	1.871	1.378	1.882
10.250	10.230	7.394	6.475	6.292	6.401
1.272	1.303	1.081	0.948	0.950	0.880
0.448	0.579	0.389	0.339	0.373	0.309
0.140	0.138	0.098	0.083	0.081	0.102
0.404	0.321	0.191	0.158	0.145	0.101
0.363	0.334	0.198	0.111	0.084	0.072
0.092	0.096	0.079	0.069	0.067	0.103
7.352	7.298	4.708	3.246	2.155	1.652
0.971	1.064	0.834	1.072	1.150	1.195
0.831	0.597	0.540	0.351	0.277	0.213
0.210	0.167	0.099	0.093	0.082	0.051
0.761	1.977	0.450	0.366	0.776	2.231
0.491	0.452	0.292	0.278	0.281	0.341
2.842	2.456	2.111	1.649	1.131	1.063
0.067	0.053	0.033	0.028	0.028	0.018
		0.118	0.003	0.000	0.023
39.641	41.827	60.052	68.032	71.021	70.115
11.442	10.503	7.278	6.705	7.559	6.822
2.050	2.647	1.633	0.628	0.561	1.024
100.000	100.000	100.000	100.000	100.000	100.000

CUADRO A4.3

Variación en la estructura porcentual del gasto ejercido del gobierno por clasificación administrativa, 1979-1989*

(Diferencia entre el porcentaje de cada año y el correspondiente de 1982, en relación con el de 1982)

	1979	*1980*	*1981*	*1982*	*1983*
Legislativo	11.928	75.137	67.621	–	52.296
Pres. de la Rep.	−54.400	36.217	18.520	–	−77.276
Judicial	60.718	61.665	47.694	–	24.180
Gobernación	49.977	73.403	83.765	–	−25.812
Rel. Exteriores	79.308	35.927	11.444	–	27.292
Hac. y Créd. Públ.	−55.476	88.821	72.925	–	23.712
Defensa Nac.	60.602	26.823	43.450	–	17.286
Agric. y Rec. Hidr.	11.671	83.390	61.964	–	−23.397
Comunic. y Transp.	−23.143	31.311	31.560	–	32.513
Com. y Fom. Ind.	−89.174	49.547	39.940	–	−1.899
Educ. Pública	45.958	33.039	27.620	–	−19.530
Salubridad y Asist.	84.488	51.553	34.218	–	−18.372
Marina	87.251	55.310	40.882	–	16.090
Trab. y Prev. Soc.	−9.720	12.433	84.364	–	−54.875
Reforma Agraria	69.274	110.813	75.805	–	16.760
Pesca	−31.081	55.677	73.335	–	−10.314
Proc. Gral. Rep.	80.807	61.665	47.694	–	−6.279
Energ. Minas e Ind.	−53.632	9.993	1.782	–	15.758
Aport. Seg. Soc.	0.000	0.000	0.000	–	−32.851
Des. Urb. y Ecol.	62.613	99.920	107.969	–	−72.702
Turismo	−17.835	77.104	55.807	–	−28.130
Inv. financ.					
Erog. no sectoriza.	890.481	280.795	293.034	–	23.606
Prog. y Presup.	36.657	56.808	47.599	–	−15.706
Desarrollo reg.				–	−14.896
Contral. Gral. Fed.				–	
Reconstrucción					
Deuda pública	−48.725	−61.144	−53.782	–	−4.270
Partic. y estim.	29.439	50.017	51.375	–	42.176
Adefas	105.870	44.901	53.111	–	13.172

* Cuando el renglón no existía en 1982, se tomó como base el primer año disponible.

1984	1985	1986	1987	1988	1989
94.020	84.758	44.673	39.375	33.734	74.432
−72.007	−79.073	−80.111	−80.809	−80.010	−83.666
73.081	88.345	51.840	66.431	87.571	38.406
24.435	4.926	−43.465	−43.874	−36.800	−34.443
22.835	14.694	7.428	1.303	−20.870	−14.163
−7.718	−19.072	−40.084	−63.646	−68.103	−71.359
59.720	59.841	16.337	−5.817	−13.761	−12.531
−20.897	−28.270	−52.110	−64.313	−74.605	−71.915
53.769	35.707	−10.290	−22.236	−55.134	−61.956
66.241	35.791	−7.353	−36.590	−53.311	−36.240
−9.073	−9.251	−34.412	−42.565	−44.187	−43.221
−8.177	−5.980	−21.995	−31.546	−31.439	−36.470
38.071	78.632	20.044	4.656	15.202	−4.537
−43.442	−44.194	−60.585	−66.358	−67.173	−58.798
22.376	−2.805	−42.149	−52.185	−56.049	−69.390
−17.509	−24.139	−54.943	−74.856	−80.914	−83.741
15.388	20.734	−0.534	−13.630	−16.261	29.570
−0.604	−1.033	−21.592	−33.198	−41.851	−45.844
−9.818	−1.190	−22.564	−0.424	6.795	10.966
−57.291	−69.320	−72.256	−81.956	−85.757	−89.062
−23.017	−38.770	−63.742	−65.744	−69.781	−81.171
−48.356	34.108	−69.493	−75.187	−47.339	51.361
−6.660	−14.150	−44.448	−47.092	−46.661	−35.139
54.354	33.406	14.677	−10.446	−38.588	−42.278
5.698	−16.341	−48.620	−55.739	−56.324	−72.044
			−97.594	−100.000	−80.643
−8.590	−3.550	38.476	56.877	63.769	61.680
49.051	36.819	−5.187	−12.648	−1.534	−11.133
−27.236	−6.011	−42.039	−77.704	−80.091	−63.630

Fuente: cuadro A4.2.

CUADRO A4.4

Áreas de la administración pública, ordenación de mayor a menor por variación del gasto respecto de 1982

	1988	*1989*
Judicial	1	4
Deuda pública	2	2
Legislativo	3	1
Marina	4	7
Aport. Seg. Soc.	5	6
Partic. y estim.	6	8
Defensa Nac.	7	9
Proc. Gral. Rep.	8	5
Rel. Exteriores	9	10
Salubridad y Asist.	10	14
Gobernación	11	11
Desarrollo reg.	12	15
Energ. Minas e Ind.	13	17
Educ. Pública	14	16
Prog. y Presup.	15	12
Erog. no sectoriza.	16	3
Com. y Fom. Ind.	17	13
Comunic. y Transp.	18	19
Reforma Agraria	19	21
Contral. Gral. Fed.	20	24
Trab. y Prev. Soc.	21	18
Hac. y Créd. Públ.	22	23
Turismo	23	26
Agric. y Rec. Hidr.	24	23
Pres. de la Rep.	25	27
Adefas	26	20
Pesca	27	28
Des. Urb. y Ecol.	28	29
Reconstrucción	29	25
Inv. financ.	30	30

Coeficiente de correlación por rangos: 0.92.
Fuente: cuadro A4.3.

CUADRO A4.5

Gasto total ejercido del gobierno federal por clasificación administrativa, 1980-1988

(*Miles de millones de pesos de 1980*)

	1980	*1981*	*1982*	*1983*	*1984*	*1985*	*1986*	*1987*	*1988*
Legislativo	0.70	0.87	0.69	0.91	1.09	1.07	1.05	1.15	1.12
Pres. de la Rep.	4.90	5.56	6.21	1.22	1.42	1.09	1.30	1.43	1.51
Judicial	1.20	1.43	1.28	1.37	1.81	2.03	2.06	2.56	2.93
Gobernación	5.00	6.90	4.98	3.19	5.05	4.38	2.97	3.35	3.83
Rel. Exteriores	2.60	2.78	3.30	3.63	3.30	3.18	3.75	4.02	3.18
Hac. y Créd. Públ.	68.30	81.51	62.48	66.64	46.94	42.40	39.53	27.26	24.27
Defensa Nac.	12.60	18.57	17.16	17.35	22.31	23.00	21.08	19.39	18.03
Agric. y Rec. Hidr.	91.10	104.84	85.80	56.67	55.26	51.61	43.39	36.74	26.54
Comunic. y Transp.	40.00	52.22	52.61	60.11	65.87	59.88	49.85	49.10	28.75
Com. y Fom. Ind.	41.20	50.24	47.58	40.25	64.40	54.19	46.56	36.21	27.06
Educ. Pública	140.00	175.00	181.76	126.11	134.55	138.33	125.89	125.27	123.57
Salubridad y Asist.	19.60	22.62	22.34	15.72	16.70	17.61	18.40	18.35	18.65
Marina	4.70	5.56	5.23	5.23	5.88	7.83	6.63	6.56	7.33
Trab. y Prev. Soc.	2.60	5.56	3.99	1.55	1.84	1.87	1.66	1.61	1.60
Reforma Agraria	6.50	7.06	5.33	5.36	5.31	4.34	3.25	3.06	2.85
Pesca	6.40	9.29	7.10	5.49	4.77	4.52	3.38	2.14	1.65
Proc. Gral. Rep.	1.20	1.43	1.28	1.04	1.20	1.30	1.35	1.33	1.31

Energ. Minas e Ind.	81.10	93.10	119.77	130.87	96.52	98.69	80.16	62.80	42.33
Aport. Seg. Soc.	0.00	0.00	17.36	10.05	12.74	14.38	14.19	20.74	22.58
Des. Urb. y Ecol.	36.30	49.21	31.36	7.38	10.90	8.07	9.19	6.79	5.44
Turismo	4.50	5.16	4.39	2.72	2.75	2.25	1.68	1.80	1.62
Inv. financ.	0.00	0.00	0.00	0.00	0.00	0.00	0.00	0.00	0.00
Erog. no sectoriza.	52.40	70.48	23.77	25.33	9.99	26.73	7.66	7.08	15.25
Prog. y Presup.	7.70	9.44	8.48	6.16	6.45	6.11	4.98	5.38	5.51
Desarrollo reg.	0.00	0.00	29.68	21.78	37.30	33.21	35.95	31.90	22.21
Contral. Gral. Fed.	0.00	0.00	0.00	0.88	0.88	0.72	0.55	0.54	0.54
Reconstrucción	0.00	0.00	0.00	0.00	0.00	0.00	2.00	0.05	0.00
Deuda pública	157.30	243.81	699.21	577.13	520.38	565.59	1 022.51	1 316.31	1 394.84
Partic. y estim.	107.50	141.35	123.77	151.72	150.20	142.02	123.92	129.74	148.45
Adefas	38.10	52.46	45.41	44.31	26.90	35.80	27.80	12.15	11.01
Total	933.50	1 216.43	1 612.33	1 390.18	1 312.71	1 352.22	1 702.69	1 934.83	1 963.99

Deflactor: *Índice de precios implícito.*

Fuente: Cuadro A4.1.

CUADRO A4.6

Gasto total ejercido del gobierno federal por clasificación administrativa, 1980-1988

(*Variación por año de cada rubro respecto de 1988, en relación con la variación del total de cada año respecto de 1988*)

	1980	*1981*	*1982*	*1983*	*1984*	*1985*	*1986*	*1987*
Legislativo	0.04	0.03	0.12	0.04	0.01	0.01	0.03	−0.10
Pres. de la Rep.	−0.33	−0.54	−1.34	0.05	0.01	0.07	0.08	0.28
Judicial	0.17	0.20	0.47	0.27	0.17	0.15	0.33	1.26
Gobernación	−0.11	−0.41	−0.33	0.11	−0.19	−0.09	0.33	1.65
Rel. Exteriores	0.06	0.05	−0.03	−0.08	−0.02	0.00	−0.22	−2.85
Hac. y Créd. Públ.	−4.27	−7.66	−10.86	−7.38	−3.48	−2.96	−5.84	−10.22
Defensa Nac.	0.53	−0.07	0.25	0.12	−0.66	−0.81	−1.17	−4.69
Agric. y Rec. Hidr.	−6.26	−10.47	−16.85	−5.25	−4.41	−4.10	−6.45	−34.99
Comunic. y Transp.	−1.09	−3.14	−6.78	−5.47	−5.70	−5.09	−8.07	−69.77
Com. y Fom. Ind.	−1.37	−3.10	−5.84	−2.30	−5.73	−4.43	−7.46	−31.37
Educ. Pública	−1.59	−6.88	−16.55	−0.44	−1.69	−2.41	−0.89	−5.84
Salubridad y Asist.	−0.09	−0.53	−1.05	0.51	0.30	0.17	0.10	1.05
Marina	0.26	0.24	0.60	0.37	0.22	−0.08	0.27	2.64
Trab. y Prev. Soc.	−0.10	−0.53	−0.68	0.01	−0.04	−0.04	−0.03	−0.05
Reforma Agraria	−0.35	−0.56	−0.70	−0.44	−0.38	−0.24	−0.15	−0.70

Pesca	–0.46	–1.02	–1.55	–0.67	–0.48	–0.47	–0.66	–1.69
Proc. Gral. Rep.	0.01	–0.02	0.01	0.05	0.02	0.00	–0.01	–0.07
Energ. Minas e Ind.	–3.76	–6.79	–22.02	–15.43	–8.32	–9.21	–14.48	–70.18
Aport. Seg. Soc.	2.19	3.02	1.49	2.18	1.51	1.34	3.21	6.31
Des. Urb. y Ecol.	–2.99	–5.85	–7.37	–0.34	–0.84	–0.43	–1.43	–4.63
Turismo	–0.28	–0.47	–0.79	–0.19	–0.17	–0.10	–0.02	–0.65
Inv. financ.	0.00	0.00	0.00	0.00	0.00	0.00	0.00	0.00
Erog. no sectoriza.	–3.61	–7.39	–2.42	–1.76	0.81	–1.88	2.90	28.02
Prog. y Presup.	–0.21	–0.53	–0.84	–0.11	–0.14	–0.10	0.20	0.43
Desarrollo reg.	2.15	2.97	–2.13	0.07	–2.32	–1.80	–5.26	–33.25
Contral. Gral. Fed.	0.05	0.07	0.15	–0.06	–0.05	–0.03	0.00	0.00
Reconstrucción	0.00	0.00	0.00	0.00	0.00	0.00	–0.77	–0.19
Deuda pública	120.09	153.97	197.81	142.51	134.27	135.55	142.50	269.34
Partic. y estim.	3.97	0.95	7.02	–0.57	–0.27	1.05	9.39	64.17
Adefas	–2.63	–5.54	–9.78	–5.80	–2.44	–4.05	–6.42	–3.90

Fuente: cuadro A4.5.

CUADRO A4.7

Índice del gasto total ejercido del gobierno por clasificación administrativa, 1980-1988

*(1982 = 100)**

	1980	*1981*	*1982*	*1983*	*1984*	*1985*	*1986*	*1987*	*1988*
Legislativo	101.40	126.46	100.00	131.31	157.97	154.95	152.78	167.25	162.90
Pres. de la Rep.	78.87	89.42	100.00	19.59	22.79	17.55	21.00	23.03	24.35
Judicial	93.60	111.43	100.00	107.07	140.92	157.96	160.35	199.72	228.48
Gobernación	100.40	138.64	100.00	63.97	101.31	88.00	59.70	67.35	76.98
Rel. Exteriores	78.70	84.08	100.00	109.75	100.01	96.19	113.45	121.57	96.39
Hac. y Créd. Públ.	109.32	130.46	100.00	106.67	75.13	67.87	63.27	43.63	38.85
Defensa Nac.	73.43	108.23	100.00	101.13	130.04	134.05	122.86	113.02	105.05
Agric. y Rec. Hidr.	106.18	122.19	100.00	66.05	64.40	60.16	50.57	42.82	30.93
Comunic. y Transp.	76.03	99.26	100.00	114.26	125.19	113.81	94.74	93.32	54.65
Com. y Fom. Ind.	86.58	105.58	100.00	84.58	135.35	113.88	97.84	76.09	56.87
Educ. Pública	77.03	96.28	100.00	69.38	74.03	76.11	69.26	68.92	67.99
Salubridad y Asist.	87.75	101.26	100.00	70.38	74.76	78.85	82.38	82.15	83.51
Marina	89.92	106.29	100.00	100.10	112.41	149.81	126.77	125.59	140.33
Trab. y Prev. Soc.	65.10	139.09	100.00	38.91	46.05	46.80	41.62	40.37	39.99
Reforma Agraria	122.06	132.64	100.00	100.67	99.63	81.52	61.09	57.38	53.54
Pesca	90.13	130.77	100.00	77.33	67.16	63.62	47.58	30.17	23.25

Proc. Gral. Rep.	93.60	111.43	100.00	80.81	93.95	101.26	105.04	103.65	102.00
Energ. Minas e Ind.	67.71	77.73	100.00	109.27	80.58	82.40	66.93	52.43	35.34
Aport. Seg. Soc.				100.00	126.82	143.13	141.24	206.39	224.69
Des. Urb. y Ecol.	115.75	156.90	100.00	23.54	34.77	25.73	29.30	21.65	17.35
Turismo	102.54	117.55	100.00	61.97	62.68	51.35	38.29	41.11	36.81
Inv. financ.									
Erog. no sectoriza.	220.47	296.53	100.00	106.58	42.05	112.47	32.22	29.78	64.15
Prog. y Presup.	90.79	111.36	100.00	72.68	75.99	72.00	58.67	63.49	64.97
Desarrollo reg.				100.00	171.26	152.48	165.04	146.46	101.95
Contral. Gral. Fed.				100.00	99.81	81.37	62.93	61.60	61.70
Reconstrucción							100.00	2.73	0.00
Deuda pública	22.50	34.87	100.00	82.54	74.42	80.89	146.24	188.26	199.49
Partic. y estim.	86.86	114.21	100.00	122.59	121.35	114.75	100.13	104.82	119.94
Adefas	83.89	115.52	100.00	97.58	59.24	78.83	61.21	26.76	24.25
Total	57.90	75.45	100.00	86.22	81.42	83.87	105.60	120.00	121.81

* Cuando el renglón no existía en 1982, se tomó como base el primer año disponible.

Fuente: Carlos Salinas de Gortari, Primer informe de gobierno, 1989, anexo, p. 31.

CUADRO A4.8

Exportaciones totales (FOB), México, 1979-1988

	1979	*1980*	*1981*	*1982*	*1983*	*1984*	*1985*	*1986*	*1987*	*1988*
					Millones de dólares					
Petroleras	3 975	10 441	14 573	16 477	16 017	16 601	14 767	6 307	8 630	6 709
Petróleo crudo	3 765	9 449	13 305	15 623	14 793	14 968	13 309	5 580	7 877	5 883
Otras	210	993	1 268	855	1 224	1 634	1 458	727	753	826
No petroleras	4 843	4 692	4 846	4 753	6 295	7 595	6 897	9 724	12 026	13 948
Agropecuarias	1 779	1 528	1 481	1 233	1 189	1 461	1 409	2 098	1 543	1 672
Extractivas	338	512	677	502	524	539	510	510	576	660
Manufactureras	2 726	2 651	2 688	3 018	4 582	5 595	4 978	7 116	9 907	11 616
Total	8 818	15 133	19 420	21 230	22 312	24 196	21 664	16 031	20 656	20 657
					Porcentajes respecto del total					
Petroleras	45.08	68.99	75.04	77.61	71.79	68.61	68.16	39.34	41.78	32.48
Petróleo crudo	42.70	62.44	68.51	73.59	66.30	61.86	61.43	34.81	38.13	28.48
Otras	2.38	6.56	6.53	4.03	5.49	6.75	6.73	4.53	3.65	4.00

No petroleras	54.92	31.01	24.95	22.39	28.21	31.39	31.84	60.66	58.22	67.52
Agropecuarias	20.17	10.10	7.63	5.81	5.33	6.04	6.50	13.09	7.47	8.09
Extractivas	3.83	3.38	3.49	2.36	2.35	2.23	2.35	3.18	2.79	3.20
Manufactureras	30.91	17.52	13.48	14.22	20.54	23.12	22.98	44.39	47.96	56.23
Total	100.00	100.00	100.00	100.00	100.00	100.00	100.00	100.00	100.00	100.00
Porcentajes respecto de subtotales										
Petroleras	100.00	100.00	100.00	100.00	100.00	100.00	100.00	100.00	100.00	100.00
Petróleo crudo	94.72	90.50	91.30	94.82	92.36	90.16	90.13	88.47	91.27	87.69
Otras	5.28	9.51	8.70	5.19	7.64	9.84	9.87	11.53	8.73	12.31
No petroleras	100.00	100.00	100.00	100.00	100.00	100.00	100.00	100.00	100.00	100.00
Agropecuarias	36.73	32.57	30.56	25.94	18.89	19.24	20.43	21.58	12.83	11.99
Extractivas	6.98	10.91	13.97	10.56	8.32	7.10	7.39	5.24	4.79	4.73
Manufactureras	56.29	56.50	55.47	63.50	72.79	73.67	72.18	73.18	82.38	83.28

Fuente: Carlos Salinas de Gortari, Primer informe de gobierno, 1989, anexo, p. 31.

CUADRO A5.1

México comparado con otros países del mundo

Rango (a)	*País*	*Año (b)*	*Equidad (c)*	*Crecimiento (d)*	*Población 1987(e)*	PIB *p.c. 1987(f)*	*Deuda/pc (g)*	*Deuda/* PIB	*Ciudades (h)*
80	Hungría	82	100.0	3.8%	10.6	2 240	1502.9	67.1%	1
83	Yugoslavia	78	81.7	3.7%	23.4	2 480	617.4	24.9%	3
85	Rep. Corea	76	61.5	6.4%	42.1	2 690	582.9	21.7%	7
87	Portugal	74	45.5	3.2%	10.2	2 830	1 462.9	51.7%	1
96	España	81	79.2	2.3%	38.8	6 010	–(i)	–	6
99	Israel	80	79.6	2.5%	4.4	6 800	3 810.7	56.0%	1
21	India	76	48.2	1.8%	797.5	300	46.8	15.6%	36
74	*México*	*77*	*24.4*	*2.5%*	*81.9*	*1 830*	*1 010.6*	*55.2%*	7
78	Brasil	72	13.8	4.1%	141.4	2 020	648.2	32.1%	14
82	Argentina	70	40.1	0.1%	31.1	2 390	1 525.8	63.8%	5
101	Singapur	–	–	7.2%	2.6	7 940	978.1	12.3%	1
102	Hong Kong	80	51.8	6.2%	5.6	8 070	–	–	1

110	Rep. F. de Alemania	78	85.0	2.5%	61.2	14 400	–	–	11
116	Japón	79	97.8	4.2%	122.1	15 760	–	–	9
117	Emiratos Árabes	–	–	–	1.5	15 830	–	–	–
118	Noruega	82	82.9	3.5%	4.2	17 190	–	–	1
119	EUA	80	73.8	1.5%	243.8	18 530	–	–	65
120	Suiza	78	84.8	1.4%	6.5	21 330	–	–	1

Nota: en el primer grupo están los países que Fajnzylber (1989) califica como similares a otros de América Latina, pero que han crecido con equidad; en el segundo grupo están países con los que suele compararse a México; en el tercer grupo se presentan países desarrollados.

(a) Lugar que le corresponde al país en un orden de 120 países, de menor a mayor PIB p.c. (cuadro 1).
(b) Año de la última información sobre distribución del ingreso familiar (cuadro 30).
(c) Índice de equidad (40% inferior de familias entre 10% superior) (cuadro 30).
(d) Indicador de crecimiento. Tasa media anual de crecimiento del PIB p.c. Periodo 1965-1987 (cuadro 1).
(e) Población en 1987 (millones de habitantes) (cuadro 1).
(f) PIB p.c. anual, 1987 (dólares) (cuadro 1).
(g) Deuda externa p.c., pública y de largo plazo, 1987 (dólares) (cuadro 24).
(h) Número de ciudades con más de medio millón de habitantes, 1980 (cuadro 31).
(i) La fuente no consigna el dato.

Fuente: *World Development Report 1989*, The World Bank (cuadros 1, 24, 30 y 31).

CUADRO A5.2

Viviendas propias en algunos estados y municipios.*
X Censo de Población y Vivienda, 1980

	Total de viviendas	*Viviendas propias*	*Porcentaje de viviendas propias*
Chiapas	370 319	277 193	74.9
Tuxtla Gutiérrez	30 753	18 366	59.7
Sunuapa	252	216	85.7
Distrito Federal	1 747 102	838 804	48.0
Gustavo A. Madero	280 251	144 155	51.4
Milpa Alta	9 407	7 621	81.0
Edo. de México	1 281 270	900 940	70.3
Cd. Nezahualcóyotl	214 132	133 764	62.5
Papalotla	251	171	68.1
Guerrero	377 647	296 062	78.4
Acapulco	80 934	56 426	69.7
Atlamajalcingo del M.	673	607	90.2
Jalisco	776 809	464 642	59.8
Guadalajara	292 671	145 914	49.9
Ejutla	501	392	78.2
Michoacán	494 638	373 188	75.4
Morelia	60 112	38 525	64.1
Aporo	412	346	84.0
Nuevo León	461 105	316 067	68.5
Monterrey	203 443	124 926	61.4
Abasolo	142	91	64.1
Tlaxcala	92 327	73 922	80.1
Apizaco	6 858	3 714	54.2
Cuaxomulco	420	363	86.4
Yucatán	200 966	161 174	80.2
Mérida	83 797	64 704	77.2
Telchac Puerto	150	116	77.3

* En cada estado aparecen los totales, los datos del municipio más poblado y los del menos poblado.

Fuente: Cuadro 21 del volumen I de cada estado.

GRÁFICA G-1
Representación gráfica de las relaciones entre los principales componentes del cambio, 1977

Renta empresarial e ingreso en especie estratos, 1977 (Lydall)

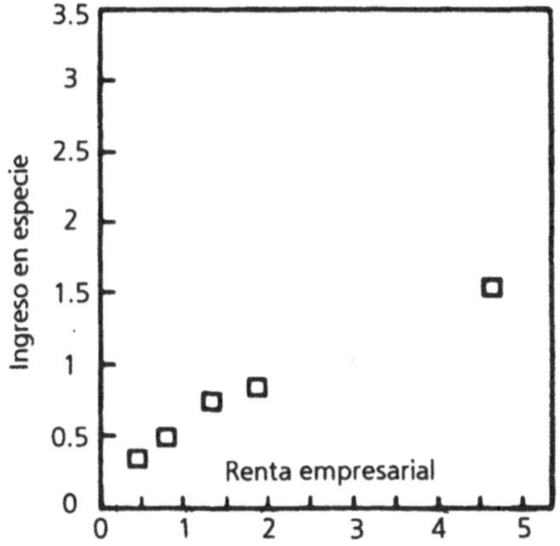

Remuneración al trabajo y transferencias estratos, 1977

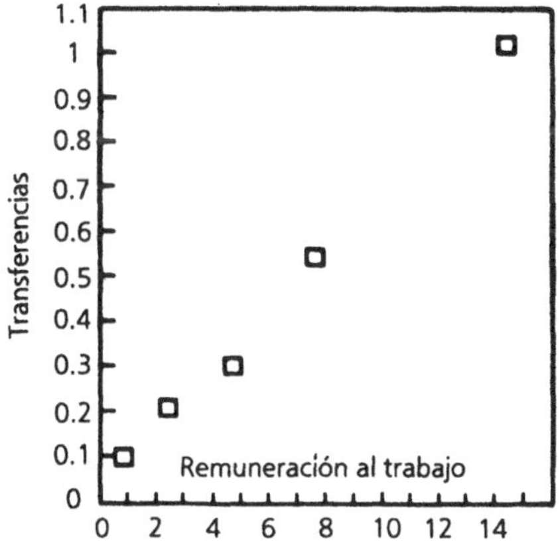

GRÁFICA G-1
(continuación)

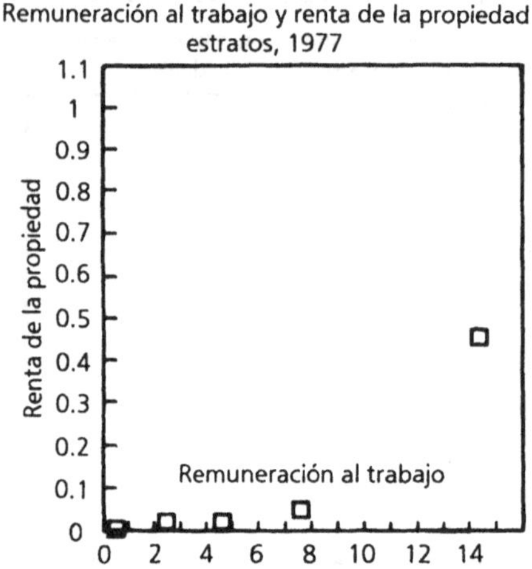

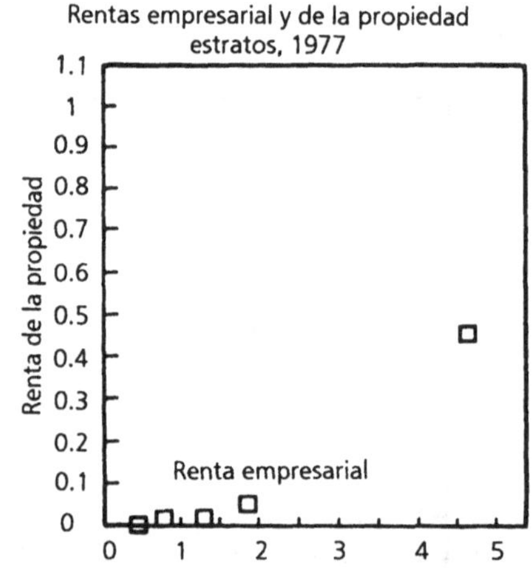

GRÁFICA G-1
(continuación)

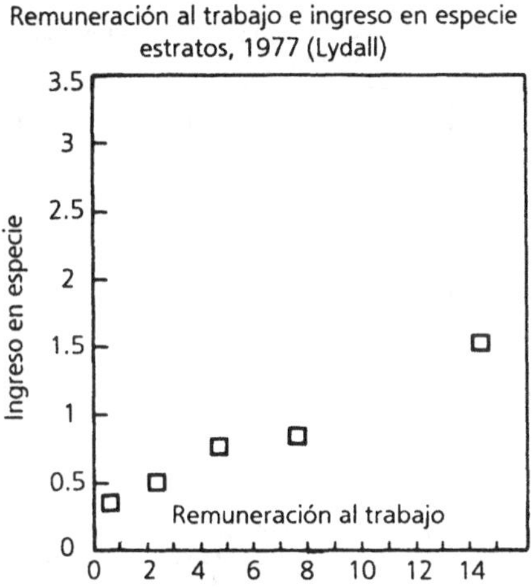

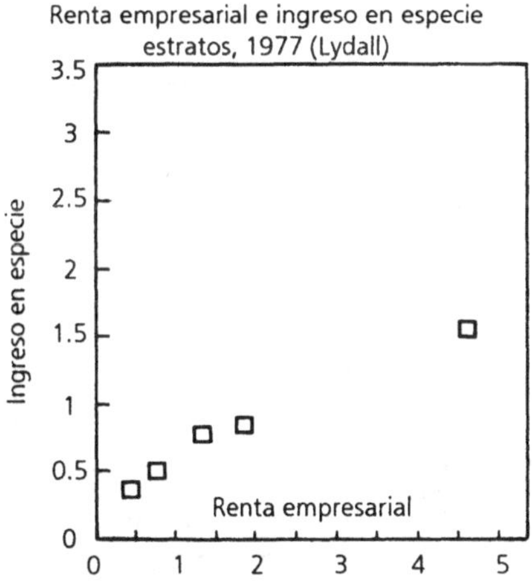

GRÁFICA G-2
Representación gráfica de las relaciones entre los principales componentes del cambio, 1984

Remuneración al trabajo y renta empresarial estratos, 1984

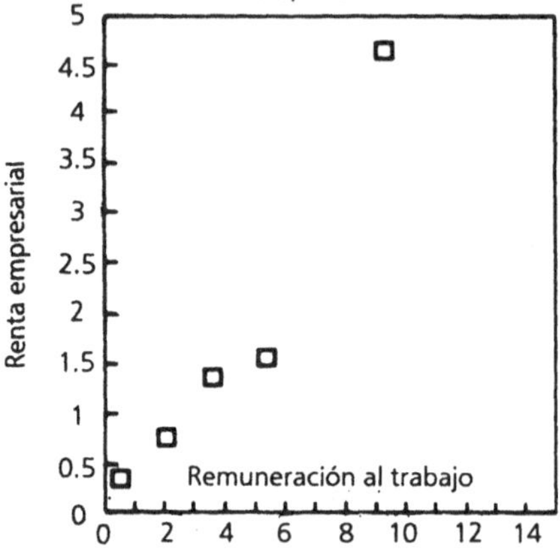

Remuneración al trabajo y transferencias estratos, 1984

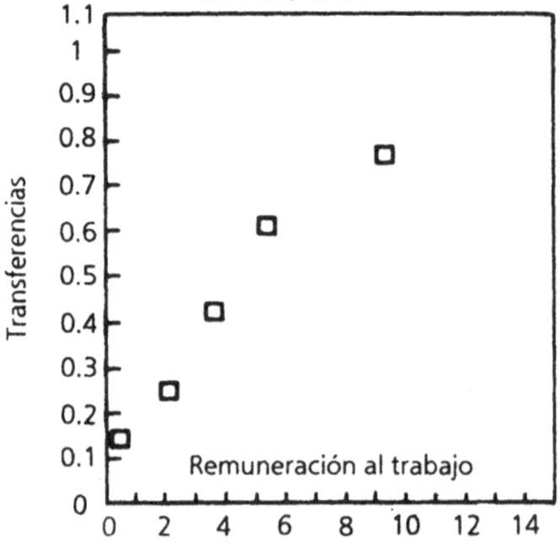

GRÁFICA G-2
(continuación)

Remuneración al trabajo y renta de la propiedad
estratos, 1984

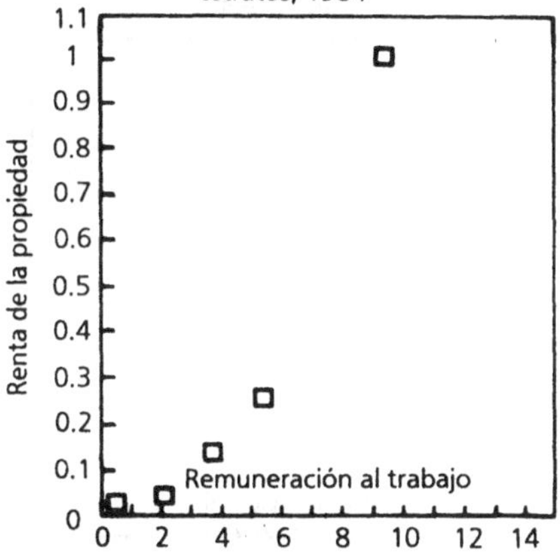

Rentas empresarial y de la propiedad
estratos, 1984

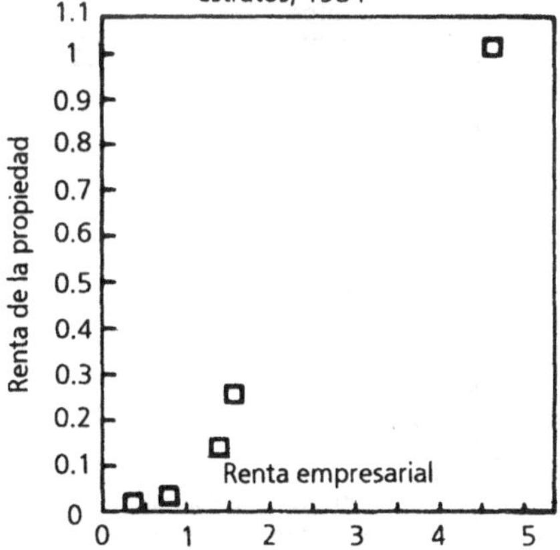

GRÁFICA G-2
(continuación)

Remuneración al trabajo e ingreso en especie
estratos, 1984

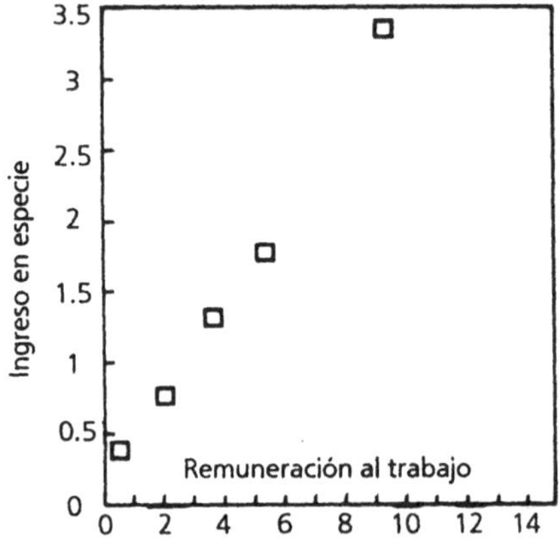

Renta empresarial e ingreso en especie
estratos, 1984

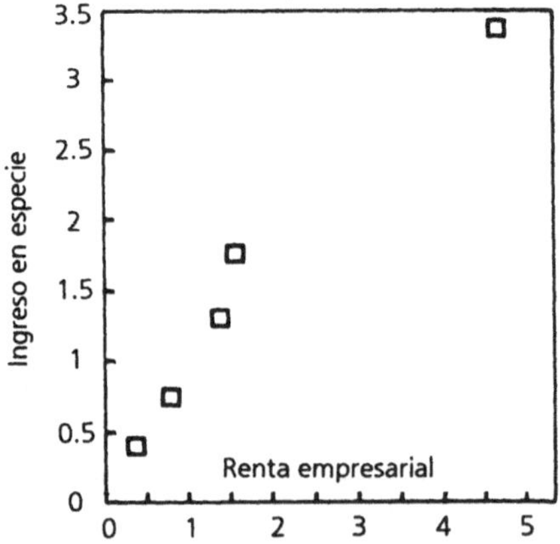

ANEXO II

1. *Criterios para seleccionar la medida de desigualdad*

Las principales limitaciones de la varianza como medida de desigualdad son: *i*) no tener un límite superior prestablecido para todas las aplicaciones; *ii*) dar igual ponderación a transferencias de ingreso de la misma magnitud, sin importar los ingresos medios involucrados en la redistribución, y *iii*) ser sensible a cambios de escala.

Por otra parte, el coeficiente entrópico de Theil se descompone con facilidad cuando se agregan casos (intra e inter entropías); sin embargo, si se tiene una variable que es una combinación lineal, no hay forma de llegar a una expresión que tenga sentido. Ello se debe a que su fórmula contiene el logaritmo de una suma de variables.

La descomposición de la varianza de los logaritmos y la del cuadrado del coeficiente de variabilidad de una suma de *dos* variables arrojan resultados fácilmente interpretables siempre que se tengan los microdatos (Pong, 1990; Gronau, 1982). Lamentablemente, no se dispone de una ecuación similar aplicable a la combinación lineal (ingreso total) de más de dos variables (más de dos fuentes).

Para evitar la sensibilidad a los cambios de escala podríamos utilizar el cuadrado del coeficiente de variación, que se descompone en:

$$(CV)^2 = S^2/M^2 = \Sigma(CV_i)^2 + \Sigma r_{ij}\,(CV_i)\,(CV_j)\,P_i\,P_j$$

para $i \neq j = 1, 2, \ldots J$.

En esta ecuación CV representa al coeficiente de variación total, CV_i y CV_j los coeficientes de variación de los componentes i y j, respectivamente. P_i y P_j simbolizan la razón entre el promedio de los componentes i y j y la media aritmética general. Sin embargo, los resultados que se obtienen con este índice son similares a los que se lograron utilizando expresiones más simples. En esta aplicación la sensibilidad a los cambios de escala no presenta dificultades mayores debido a que las cifras fueron convenientemente deflactadas. Por otra parte, interesaba tener una medición que no sufriera modificaciones al eliminar una de las fuentes del ingreso total (debido a que queríamos tener una idea del impacto que tiene sobre el coeficiente de desigualdad considerar o no el ingreso en especie que fue captado en 1984, pero no en 1977), lo que excluye al coeficiente de variación que depende del promedio general. Por otra parte, hay que tomar en cuenta que aún hoy se discute acerca del criterio de "insensibilidad a los cambios de escala" (García Rocha, 1986).

Considerando estos antecedentes y que no contamos con los microdatos de las encuestas sino con categorías muy agregadas (deciles de hogares), decidimos utilizar la varianza.

Se puede usar la varianza como medida de desigualdad ya que en caso de equidistribución se tiene que X_i será igual a su promedio $M(X)$ y, por lo tanto, la varianza será igual a cero. A medida que la distribución sea menos equitativa aumentará la diferencia $(X_i - M(X))$ y será mayor la varianza.

Por otra parte, la covarianza es la suma de los productos cruzados $(X_i - M(X))\ (Y_i - M(Y))$ en que cada factor da cuenta de la lejanía del componente respecto de la equidistribución. Por lo tanto, se puede interpretar como una medida conjunta de la lejanía o cercanía de las dos variables a sus respectivos promedios. La covarianza muestra que hay una parte de la desigualdad total que se origina en las ataduras que mantienen entre sí algunos componentes del ingreso total. Por ejemplo, en los deciles de más bajos ingresos coexisten familias que combinan una escasa remuneración al trabajo con renta empresarial en actividades económicas de baja productividad (Giner de los Ríos, 1986), o bien en ese decil se encuentran familias propietarias de "microindustrias", mientras que otras sólo sobreviven con la venta de su fuerza de trabajo. En la medida que ascendemos por los deciles se tienen aumentos simultáneos en ambas variables de manera que se produce una fuerte covariación entre ellas. Mientras mayor sea la desigualdad en la distribución de ambas variables para cada caso, tenderá a aumentar la contribución de la covarianza a la medición de la desigualdad global.

2. *Formas de cálculo*

Si bien en el texto optamos por utilizar expresiones algebraicas, el cálculo es mucho más simple si se emplea álgebra matricial.

Si las observaciones se miden como desviaciones respecto a sus correspondientes medias aritméticas, en el lenguaje de matrices, las expresiones para el cálculo son las siguientes:

$$Y = X\,I$$

donde Y es un vector columna de orden $n \times 1$, X es una matriz de orden $n \times J$ e I es un vector columna de $J \times 1$. Los elementos de Y son las desviaciones respecto de la media del ingreso total, cada una de J columnas de la matriz X contienen los valores de cada una de las J variables, expresadas como desvíos respecto de sus respectivos promedios y el vector I es una columna de 1. Luego, si n es un escalar igual al número de casos, se tiene que:

$$(1/n)\, Y'Y = (1/n)\, I'X'XI$$

La matriz $X'X$ es simétrica y positivamente definida. En la diagonal principal se encuentran los numeradores de las varianzas de cada componente del ingreso y fuera de ella se despliegan los numeradores de las covarianzas. El lado izquierdo de la igualdad es la varianza del ingreso total.

Para agrupar los casos basta con particionar adecuadamente las matrices y premultiplicar por el vector línea correspondiente. Por ejemplo, para obtener la ecuación para deciles basta con premultiplicar por:

$$P = (p_1, p_2, \ldots p_{10}),$$

donde $p_1 = (1/n\ 1/n\ \ldots\ 1/n)$ es un vector línea de orden $1 \times (0.1n)$, y particionar adecuadamente la matriz X y el vector Y.

BIBLIOGRAFÍA

Alonso, José Antonio, "La maquila industrial domiciliaria en la metrópoli mexicana", *Estudios Sociológicos*, vol. VI, núm. 18, El Colegio de México, septiembre-diciembre de 1988.

Altimir, Óscar, "La distribución del ingreso en México 1950-1977", en Banco de México, *Distribución del ingreso en México (ensayos)*, Serie Análisis Estructural, México, 1982.

Arias, Patricia, "El empleo a domicilio en el medio rural: la nueva manufactura", *Estudios Sociológicos*, vol. VI, núm. 18, El Colegio de México, septiembre-diciembre de 1988.

Arizpe, Lourdes, *La migración por relevos y la reproducción social del campesinado*, El Colegio de México, México, 1980.

Banco de México, *Indicadores económicos*, México, noviembre de 1989.

Bank of America, N.T. & S.A., *Mexico's in bond industry is...*, México, s/f.

Baños, Othón, *Yucatán: ejidos sin campesinos*, Universidad Autónoma de Yucatán, México, 1989.

Basáñez, Miguel, *El pulso de los sexenios: veinte años de crisis en México*, Siglo XXI, México, 1990.

Benites, Marcela, "Hogares y fuerza de trabajo en

época de crisis", en Fernando Cortés y Óscar Cuéllar (coords.), *Crisis y reproducción social: los comerciantes del sector informal*, Miguel Ángel Porrúa-Flacso, México, 1990.

Blumberg, Rae, "Income under female versus male control", *Journal of Family Issues*, vol. 9, núm. 1, Sage Publications, marzo de 1988.

Bolaños, Wielka, *Mujer jefe de hogar y sus necesidades domésticas: estrategias de sobrevivencia y convenciones sobre el papel de la mujer*, Flacso, México, 1986.

Bortz, Jeff *et al.*, *La estructura de salarios en México*, Universidad Autónoma Metropolitana-Azcapotzalco y Secretaría del Trabajo y Previsión Social, México, 1985.

Bronfman, Mario, "Multimortalidad y estructura familiar", El Colegio de México, no publicado.

Bueno, Gerardo, "Endeudamiento externo y estrategias de desarrollo en México (1976-1982)", *Foro Internacional*, núm. 93, El Colegio de México, México, julio-septiembre de 1983.

Cadena Roa, Jorge, "Las demandas de la sociedad civil, los partidos políticos y las respuestas del sistema", en Pablo González Casanova y Jorge Cadena Roa (comps.), *Primer informe sobre la democracia: México*, México, 1988.

CESSP, *La economía subterránea en México*, Centro de Estudios del Sector Privado, México, 1986.

Comisión Económica para América Latina (CEPAL), *Transformación productiva con equidad: la tarea prioritaria del desarrollo de América Latina y el Caribe en los años noventa*, Naciones Unidas CEPAL, Santiago, 1990.

Constitución Política de los Estados Unidos Mexicanos,

Editorial Porrúa, 90ª edición, México, 1990.
Cornelius, Wayne A., *Los inmigrantes pobres en la ciudad de México y la política*, Fondo de Cultura Económica, México, 1980.
———, "Los migrantes de la crisis: the changing profile of mexican labor migration to California in the 1980s", no publicado, ponencia presentada a la conferencia Población y trabajo en contextos regionales, Zamora, México, noviembre de 1988.
Cortés, Fernando, "La informalidad, ¿comedia de equivocaciones?", *Nueva Sociedad*, Caracas, Venezuela, 1988.
——— y Rosa María Rubalcava, *Técnicas estadísticas para el estudio de la desigualdad social*, El Colegio de México, México, 1984.
———, Enrique Hernández Laos y Rosa María Rubalcava, "Distribución de los ingresos salariales en el sector formal de la economía mexicana", en *México en el umbral del milenio*, Centro de Estudios Sociológicos, El Colegio de México, México, 1990.
——— y Óscar Cuéllar (coords.), *Crisis y reproducción social: los comerciantes del sector informal*, Miguel Ángel Porrúa-Flacso, México, 1990.
——— y Marcela Benites, "Crisis y comercio domiciliario en México", *Estudios Sociológicos* núm. 25, México, enero-abril de 1991.
Coulomb, René, "Rental housing and the dynamics of urban growth in Mexico City", en Alan Gilbert (ed.), *Housing and land in urban Mexico*, Center for U.S.-Mexican Studies, UCSD, 1989.
De Barbieri, Teresita, "La mujer", *Demos 2, carta demográfica sobre México*, México, 1989.

De Lara Rangel, Salvador, "El impacto económico de la crisis sobre la clase media", en Soledad Loaeza y Claudio Stern (coords.), *Las clases medias en la coyuntura actual*, Cuadernos del CES, núm. 33, El Colegio de México, México, 1990.

Denman, Catalina, *Las repercusiones de la industria maquiladora de exportación en la salud: el peso al nacer de hijos de obreras en Nogales*, tesis de maestría presentada a El Colegio de Sonora, Hermosillo, México, 1988.

———, "Industrialización y maternidad en el noroeste de México", ponencia presentada en la IV Reunión Nacional de Investigación Demográfica en México, México, 1990.

DGE-SPP, *Encuesta Nacional de Ingresos y Gastos de los Hogares, 1977*, México, 1981.

Diéguez, H. y A. Petriecola, *Índices de desigualdad y su descomposición*, Ensayos Eciel, 5, s/f.

Diez-Canedo, Juan y Gabriel Vera F., "La segmentación del mercado de trabajo y el nivel de ingreso", Banco de México, *Distribución del ingreso en México (ensayos)*, Serie Análisis Estructural, México, 1982.

Escobar, Agustín, "Estado, orden político e informalidad: notas para discusión", ponencia presentada a la XX Mesa Redonda de la Sociedad Mexicana de Antropología, México, noviembre de 1987.

———, "The boom and crash of urban labor market: Guadalajara, before and after 1982", Center for U.S.-Mexican Studies y CIESAS, La Jolla, 1988.

——— y Mercedes González de la Rocha, "Microindustria, informalidad y crisis en Guadalajara", *Estudios Sociológicos*, vol. VI, núm. 18, Centro de Estudios Sociológicos, El Colegio de México, septiembre-diciembre de 1988.

Fajnzylber, Fernando, *Industrialización en América Latina: de la "caja negra" al "casillero vacío"*, Cuadernos de la CEPAL núm. 60, Naciones Unidas, Santiago de Chile, 1989.

———, "Apertura, progreso técnico y competitividad", documento presentado al seminario The International Standing of Brazil in the 90's, São Paulo, Brasil, 26-30 de marzo de 1990.

Fisher, Franklin M., *The Identification Problem in Econometrics*, McGraw-Hill, Nueva York, 1966.

Furtado, Celso, *Subdesarrollo y crecimiento en América Latina*, Eudeba, Buenos Aires, 1966.

García Alba, Pascual y Jaime José Serra Puche, *Causas y efectos de la crisis económica en México*, Jornadas núm. 104, El Colegio de México, México, 1984.

García, Brígida, *Desarrollo económico y venta de fuerza de trabajo en México (1950-1980)*, El Colegio de México, México, 1988.

———, "Aumenta el trabajo en unidades económicas de pequeña escala", *Demos 1: carta demográfica sobre México*, México, 1988.

——— y Orlandina de Oliveira, "Recesión económica y cambio en los determinantes del trabajo femenino", no publicado, El Colegio de México, 1990.

García y Griego, Manuel, "Mexico's 'labor force safety valve' after IRCA: a first approximation", no publicado, ponencia presentada para la reunión Los Efectos Internacionales del Acta de Reforma y Control de Inmigración de 1986, Guadalajara, México, mayo de 1989.

——— y Francisco Giner de los Ríos, "¿Es vulnerable la economía mexicana a la aplicación de políticas migratorias estadounidenses?", en Manuel García y Griego y Gustavo Vega (comps.), *México-Estados Unidos, 1984*, El Colegio de México, México, 1985.

García Rocha, Adalberto, *La desigualdad económica*, El Colegio de México, México, 1986.

Giner de los Ríos, Francisco, "Very small manufacturing enterprises in Mexico: stagnation, disappearence and growth (a tipology of producers)", tesis de doctorado presentada a la Universidad de Sussex, octubre de 1986.

Goldring, Luin, "Development and migration?: A comparative analysis of two mexican migrant circuits", no publicado, Center for U.S.-Mexican Studies, San Diego, 1990.

González de la Rocha, Mercedes, "Economic crisis, domestic reorganization and women's work in Guadalajara", UCSD, La Jolla/CIESAS Occidente, no publicado, 1988.

Gronau, Reuben, "Inequality of family income: Do wives' earnings matter?", *Population and Development Review*, núm. 8, 1982.

Hernández Laos, Enrique, "Efectos del crecimiento económico y la distribución del ingreso sobre la pobreza y la pobreza extrema en México (1960-1988)", documento preparado para el Programa de las Naciones Unidas para el Desarrollo (PNUD), México, marzo de 1989.

———, "Tendencias recientes en la distribución del ingreso en México (1977-1984): un ajuste de los datos de las encuestas de ingreso/gasto para cuantificar la incidencia de la pobreza en México", no publicado, Bogotá, Colombia, agosto de 1989.

——— y Edur Velazco Arregui, "Productividad y competitividad de las manufacturas mexicanas (1960-1985)", trabajo presentado a la conferencia Economic Recovery in Mexico: Industry, Labor and the U.S.-Mexican Policy Relations, UCLA, Puerto Vallarta, México, octubre de 1988.

——— y Margarita Parás Fernández, "México en la primera década del siglo XXI: las necesidades sociales futuras", en José Blanco y Gilberto Guevara Niebla (comps.), *Universidad, economía y proyecto nacional*, por publicarse.

Hondagneu-Sotelo, Pierrette, "Gender and the politics of Mexican undocumented immigrants settlement", tesis de doctorado, Department of Sociology, University of California, Berkeley, abril de 1990.

IMSS, *Memoria Institucional, 1982*, México, 1982.

Instituto Nacional del Consumidor (Inco), "El gasto alimentario de la población de escasos recursos de la ciudad de México", *Comercio Exterior*, núm. 1, México, 1989.

INEGI-SPP, *Sistema de cuentas nacionales*, cuentas consolidadas, México, 1981.

———, *X Censo general de población y vivienda, 1980*, resumen general y volúmenes por estado, México, 1984.

———, *Encuesta Nacional de Ingresos y Gastos de los Hogares (ENIGH-1983): resultados preliminares correspondientes al cuarto trimestre de 1983*, México, 1986.

———, "Informe metodológico de la Encuesta Nacio-

nal de Ingresos y Gastos de los Hogares 1983-1984", México, 1988.
———, *Encuesta Nacional de Ingresos y Gastos de los Hogares, primer trimestre de 1984*, México, 1989.
ISSSTE, *Anuario estadístico de 1987*, México, 1987.
Klein, Emilio y Víctor Tokman, "Sector informal: una forma de utilizar el trabajo como consecuencia de la manera de producir y no viceversa: a propósito del artículo de Portes y Benton", *Estudios Sociológicos*, vol. VI, núm. 16, México, enero-abril de 1988.
Kuznets, Simon, "Economic growth and income inequality", en *Economic Growth and Structure: Selected essays*, W.W. Norton, Nueva York, 1965.
Lomnitz, Larisa, *Cómo sobreviven los marginados*, Siglo XXI, México, 1975.
López, María de la Paz, "La población rural", en *Demos 2, carta demográfica sobre México*, México, 1989.
Lustig, Nora, "Economic crisis and living standard in Mexico: 1982-1985", documento preparado para el proyecto *The impact of global recession on living standards in selected developing countries*, UNU/ WIDER, 1986.
———, "Crisis económica y niveles de vida en México: 1982-1985", *Estudios Económicos*, vol. II, núm. 2, El Colegio de México, México, julio-diciembre de 1987.
——— y Jaime Ros, "Stabilization and adjustment in Mexico: 1982-85", no publicado, documento preparado para el proyecto *The impact of global recession on living standards in selected developing countries*, UNU/ WIDER, 1986.
Lydall, H.F., *Inequality in Mexico*, Institute of Econo-

mics and Statistics, Oxford University, 1979.
Mares, David, "La política comercial: racionalización, liberalización y vulnerabilidad", *Foro Internacional*, núm. 95, El Colegio de México, México, enero-marzo de 1984.
Márquez, Carlos, *La ocupación informal urbana en México: un enfoque regional*, Fundación Friedrich Ebert, México, 1988.
Martínez, Ifigenia, *Algunos efectos de la crisis en la distribución del ingreso en México*, Instituto de Investigaciones Económicas, Facultad de Economía, UNAM, México, 1989.
Mestries, Francis, "Las estrategias campesinas en torno al maíz en medio de la crisis", UAM-Iztapalapa, ponencia presentada al Seminario sobre el Maíz y la Crisis Económica en México, Tepoztlán, México, 3-5 de enero de 1990.
Murguía, Valdemar de, *Capital flight and economic crisis: Mexican post-devaluation exiles in a California Community*, Research Report Series, 44, Center for U.S.-Mexican Studies, University of California, San Diego, 1986.
Nafinsa, *La economía mexicana en cifras*, 10a. edición, México, 1988.
Nelson, Joan, "Introduction: The politics and economic adjustment in developing nations", en Joan Nelson (ed.), *Economic crisis and policy choice: The politics of adjustment in the Third World*, Princeton University Press, Princeton, 1990.
Nolasco, Margarita, "Hogares y familia en México", ponencia presentada al congreso UNESCO-UNAM, Mujer y Crisis, México, 1989.

Oliveira, Orlandina de, "El empleo femenino en tiempos de recesión económica: tendencias recientes", ponencia presentada al Coloquio sobre Fuerza de Trabajo Femenina Urbana, México, UNAM, 1988.

——— y Bryan Roberts, "Los antecedentes de la crisis urbana: urbanización y transformación ocupacional en América Latina, 1940-1980", no publicado, ponencia presentada al seminario La crisis urbana en el Cono Sur, CIESU, Montevideo, mayo de 1989.

——— y Brígida García, "El nuevo perfil del mercado de trabajo femenino: 1976-1987", IV Reunión Nacional de Investigación Demográfica en México, México, 1990.

Padua, Jorge, "Los desafíos del sistema escolar formal en los albores del siglo XXI", en *La situación social de México en los albores del siglo XXI*, Centro de Estudios Sociológicos, El Colegio de México, en prensa.

Pastrana, Francisco, "Así se comportó la economía nacional", en Rosa Albina Garavito y Augusto Bolívar (coords.), *México en la década de los ochenta: la modernización en cifras*, Universidad Autónoma Metropolitana-Azcapotzalco, México, 1990.

Pinto, Aníbal, "Naturaleza e implicaciones de la heterogeneidad estructural", *El Trimestre Económico*, núm. 145, FCE, México, enero-mayo de 1970.

Pong, Suet-ling, "The effects of wives' income on family economic inequality: the case of Hong Kong", Rand Corporation, California, 1990.

Portes, Alejandro, "La informalidad como parte integral de la economía moderna y no como indicador de atraso: respuesta a Klein y Tokman", *Estudios*

Sociológicos, vol. VII, núm. 20, El Colegio de México, México, 1989.

——— y Lauren Benton, "Desarrollo industrial y absorción laboral: una reinterpretación", *Estudios Sociológicos*, vol. V, núm. 13, El Colegio de México, México, enero-abril, 1987.

——— y Saskia Sassen-Koob, "Making it underground: comparative material of the informal sector in western market societies", *American Journal of Sociology*, vol. 93, núm. 1, julio de 1987.

Presidencia de la República, *Carlos Salinas de Gortari. Primer informe de gobierno, 1989, Anexo*, Poder Ejecutivo Federal, México, 1989.

Pyatt, Graham, "On the interpretation and disaggregation of Gini coefficients", *The Economic Journal*, junio de 1976.

Ramírez, José Carlos y Bernardo González-Aréchiga, "Los efectos de la competencia internacional en el funcionamiento de la industria maquiladora de exportación en México", *Frontera Norte*, vol. I, núm. 2, El Colegio de la Frontera Norte, Tijuana, julio-diciembre, 1989.

Rendón, Teresa y Carlos Salas, "Reestructuración económica y empleo", ponencia presentada al seminario Situación actual y perspectivas de la población en México, UNAM-IIS, México, 29-30 de mayo de 1989.

———, "Estructura productiva y empleo, una década de transición", IV Reunión Nacional de Investigación Demográfica en México, México, 1990.

Reynolds, Clark, *The Mexican economy: Twentieth Century structure and growth*, Yale University Press, New

Haven, 1970.
Roldán, Martha, "Intrahousehold patterns of money allocations and women's subordination: A case study of domestic outworkers in Mexico City", no publicado, ponencia presentada al seminario Población, ingreso y política, Population Council, Nueva York, 1982.
Rovzar, Eugenio, "Análisis de las tendencias en la distribución del ingreso en México (1958-1977)", *Economía Mexicana*, núm. 3, CIDE, México, 1981.
Rubalcava, Rosa María y Martha Schteingart, "Diferenciación socio-espacial intraurbana en la Ciudad de México, 1950-1970", *Estudios Sociológicos*, núm. 9, El Colegio de México, México, 1986.
———, "Estructura urbana y diferenciación socioespacial en la Zona Metropolitana de la Ciudad de México (1970-1980)", en Gustavo Garza (comp.), *Atlas de la Ciudad de México*, El Colegio de México y Departamento del Distrito Federal, México, 1987.
Samaniego de Villarreal, Norma, "Algunas reflexiones sobre el impacto económico de la crisis en las clases medias", en Soledad Loaeza y Claudio Stern (coords.), *Las clases medias en la coyuntura actual*, Cuadernos del CES, núm. 33, El Colegio de México, México, 1990.
Selby, Henry *et al.*, "La familia urbana mexicana frente a la crisis", University of Texas, Austin, 1988.
Selowsky, Marcelo, "Income distribution, basic needs and trade offs with growth: The case of semi industrialized latin american countries", en *World*

Development, Reino Unido, 1981.

Sen, Amartya, *On economic inequality*, Clarendon Press, Oxford, 1973.

Solís, Leopoldo, "Algunas consideraciones sobre el impacto social de la crisis económica", ponencia presentada a la Conferencia Mexico Search For A New Development Strategy, The Economic Growth Center of Yale University, New Haven, 6-8 de abril de 1989.

SPP, *Encuesta continua de mano de obra*, serie I, vol. 4, 1977.

———, *El ABC de las cuentas nacionales*, México, 1981.

SPSS/ PC, *Advanced Statistics*, V.3.1, Chicago, EUA, 1989.

Tarrés, María Luisa, "La oposición política y la idea de democracia entre las clases medias en la coyuntura actual", en Soledad Loaeza y Claudio Stern (coords.), *Las clases medias en la coyuntura actual*, Cuadernos del CES, núm. 33, El Colegio de México, México, 1990.

Tavares, María Conceiçao, "Distribuçao de renda, acumulação e padroes de desenvolvimento", en *A controversia sobre distribuçao de renda e desenvolvimento*, Zahar Editores, Rio de Janeiro, 1973.

Theil, Henry, "Economics and information theory", North Holland Publishing, Amsterdam, 1967.

Tokman, Víctor, *Asalariados de bajos ingresos y salarios mínimos en América Latina*, Investigaciones sobre Empleo, 18, Santiago de Chile, 1980.

———, "Ajuste y empleo, desafíos del presente", OIT-PREALC, Documento de trabajo PREALC/287, diciembre de 1986.

———, "El sector informal: quince años después", en

El Trimestre Económico, vol. XV, núm. 15, FCE, México, 1987.

Treviño, Sandra, "Reflexiones sobre el trabajo a domicilio en la zona noreste de Guanajuato", *Estudios Sociológicos*, vol. VI, núm. 18, Centro de Estudios Sociológicos, El Colegio de México, septiembre-diciembre de 1988.

Urquidi, Víctor L., "La perspectiva del desarrollo de América Latina en los ochenta", *Foro Internacional*, núm. 88, El Colegio de México, México, abril-junio de 1982.

Vuskovic, Pedro, "Distribución del ingreso y opciones de desarrollo", en José Serra, *Desarrollo latinoamericano: ensayos críticos: lectura 6*, FCE, México, 1974.

World Bank, The, *World Development Report 1989*, Oxford University Press, Nueva York, 1989.

Zapata, Francisco, "Relaciones laborales y negociación colectiva en el sector público mexicano", documento de trabajo, Centro de Estudios Sociológicos, El Colegio de México, México, 1987.

Zazueta, César, "Salarios y distribución (México, 1968-1978)", en Banco de México, *Distribución del ingreso en México (ensayos)*, Serie Análisis Estructural, México, 1982.

Este facsimilar de
Autoexplotación forzada y equidad por empobrecimiento
es propiedad de El Colegio de México
y se terminó de imprimir en Librántida bajo
el modelo de distribución bajo demanda.
www.librantida.com

Made in United States
Troutdale, OR
01/20/2026

45896073R00111